NATALIE TENBERG

Bollywood und Rübenkraut

Geschichten von meiner deutsch-indischen Familie

WILHELM HEYNE VERLAG
MÜNCHEN

Dieses Buch erzählt eine Geschichte zwischen Deutschland und Indien. Vieles ist genauso passiert, wie ich es aufgeschrieben habe, einiges habe ich verändert, zugespitzt und versucht, aus Erinnerungen und Erzählungen zu rekonstruieren. Andere Passagen habe ich erfunden, bin aber überzeugt, dass es genauso hätte passieren können. Ich habe die Namen der Protagonisten verändert, Charaktere zusammengezogen, aufgefächert, typisiert, Details umplatziert und nicht zuletzt Dinge ausgelassen.

FSC
www.fsc.org
MIX
Papier aus verantwortungsvollen Quellen
FSC® C014496

Verlagsgruppe Random House FSC® N001967
Das für dieses Buch verwendete FSC®-zertifizierte Papier
Holmen Book Cream liefert Holmen Paper, Hallstavik, Schweden.

Originalausgabe 07/2013

Printed in Germany 2013
Redaktion: Ulrike Nikel
Umschlaggestaltung: Eisele Grafik Design
Satz: IBV Satz- und Datentechnik GmbH, Berlin
Druck und Bindung: GGP Media GmbH, Pößneck
ISBN: 978-3-453-60262-5

www.heyne.de

Für Jan

Eine deutsch-indische Kindheit oder: der unsägliche Schrecken kultureller Missverständnisse

Es war wie ein immer wiederkehrender Albtraum. Nachts lag ich wach im Bett und malte mir Schreckensbilder aus, was mit Nanna, meiner geliebten indischen Großmutter, passieren würde, sollte der Großvater plötzlich sterben. Wer aus der Familie würde diese entsetzliche Aufgabe übernehmen und sie ins Feuer stoßen? Würden sich meine Großtanten zusammenrotten und gemeinsam dafür sorgen, dass sie bei lebendigem Leib verbrannte? Oder die Brüder meiner Mutter? Wo würde dieser Scheiterhaufen mit dem Leichnam meines Großvaters überhaupt stehen, auf dem Nanna als Witwe den Tod fände? Vor ihrem Haus? Im Kirchhof von Mount Carmel, ihrer Stammgemeinde in Bombay? Oder an den Klippen am Meer?

Je länger ich darüber nachdachte, desto plastischer malte ich mir das grausame Geschehen aus. Ich sah die Flammen ihren Körper umzüngeln und schließlich hochschlagen, hörte die Schreie meiner Nanna und stellte mir vor, dass sie zu diesem Ritus einen ihrer feinen Saris tragen würde. Und ich – ich lebte Tausende von Kilometern von ihr entfernt und konnte nicht helfen. Wie auch? Schließlich war ich noch ein Kind. Ich konnte nur beten, dass sie vor dem Captain starb, damit sie nicht lebendig ins Feuer musste.

Der Captain, das war unser Großvater. Wir nannten ihn so, weil er ein smarter Flugkapitän war, der in einer schnieken blauen Uniform mit vier goldenen Streifen am Ärmel zur Arbeit ging. Nur wenn er länger lebte, überlegte ich, wäre alles gut. Dann bliebe Nanna der schreckliche Brauch der indischen Witwenverbrennung erspart.

Dabei dachte niemand in meiner indischen Familie daran, Nanna überhaupt etwas zuleide zu tun. Meine Großmutter war eine postkoloniale indische Lady aus einer gediegenen, alten Familie, deren Mitglieder schon für die Unabhängigkeit kämpften, als diese noch lange nicht in Sicht war. Ohnehin folgten Nanna und der Captain einem recht westlichen Lebensstil. Meine Schwester und mich erinnerte unsere Großmutter immer ein wenig an die Queen, weil sie ebenfalls eine unübersehbare Zahl von Handtaschen besaß und es Elizabeth II. im Buckingham Palace unserer Meinung nach nicht viel besser gehen konnte als Nanna in ihrer geräumigen Wohnung in Bombay. Beinahe jeden Tag ging sie in ihren Club, den Bandra Gymkhana, um mit anderen Damen Badminton, Canasta oder Bingo zu spielen. Sie liebte Jazz und saß mit dem Captain oft auf der Veranda, um alte Platten zu hören. Dann erinnerten sie sich an die Zeit vor ihrer Hochzeit, als unser Großvater noch in der Pete d'Mello-Band Klavier spielte. Die beiden waren also ein modernes, urbanes Paar, und dennoch quälte mich die Furcht, meine Großmutter könnte den Flammen zum Opfer fallen.

Im Laufe der Wochen wurde ich ein tristes, blasses Kind, das antriebslos mit dunklen Ringen unter den

Augen umherschlich. Jeden Sonntag, bei unserem wöchentlichen Telefonat nach Indien, brüllte ich in die knarzende Leitung, wie es um die Gesundheit der Großeltern stünde, versuchte jede Nachricht zu deuten. Der Captain habe einen eingewachsenen Zehennagel, hörte ich. »Kann man daran sterben?«, fragte ich alle Erwachsenen, die mir über den Weg liefen. »Nein«, sagten die meisten, »daran stirbt man nicht.« Nur meine deutsche Großmutter, die ein großes Talent zum Schwarzsehen besaß, meinte, man *müsse* nicht daran sterben, aber man *könne*, falls der Zeh sich entzünde und man ihn nicht rechtzeitig behandle. Wie ich auf so eine Frage käme, wollte sie wissen. Nichts sei los, log ich, denn die deutsche Oma hielt viel vom Captain und fast genauso viel von Nanna, und deswegen wollte ich sie nicht unnötig beunruhigen.

Nach ein paar Wochen jedoch hielt ich es nicht mehr aus. »Mama«, fragte ich. »Wer wird Nanna ins Feuer stoßen, wenn der Captain stirbt?«

Meine Mutter brach bei dieser Vorstellung weder in Tränen aus, noch wurde sie wütend – obwohl es schließlich um Leben und Tod ging. »Wer von diesen Deutschen hat solchen Unsinn erzählt?«, fragte sie bloß genervt angesichts von so viel Halbwissen und Unkenntnis.

Es war nämlich immer das Gleiche. Zwar schien allein die Existenz von uns halb indischen, halb deutschen Kindern zu beweisen, dass ein geografischer und kultureller Brückenschlag möglich war. Nur führte das mitunter zu Verwirrung.

Wer waren wir eigentlich? Im Grunde lebten wir

ein völlig normales Leben mit Schulbesuchen hier und Verwandtenbesuchen dort, alles kam uns ganz einfach und selbstverständlich vor, die Menschen weitgehend gleich, und dann schnappte die interkulturelle Falle wieder zu. Meistens begann es mit der Frage, wie wir uns nun im Grunde unseres Herzens fühlten. Als Deutsche? Oder als Inder? Das fragten uns die Menschen ernsthaft. Was sollte man darauf bloß antworten?

Inderin zu sein, das überstieg meine Vorstellungskraft, auch wenn ich wusste, dass das nichts mit einem Punkt auf der Stirn und einem Sari am Körper zu tun hatte. Trotzdem. Ich wurde am Niederrhein geboren in einem unscheinbaren, mit Waschbeton verkleideten kleinen Krankenhaus. Genau wie die meisten Kinder, mit denen ich eingeschult wurde. Darin unterschieden wir uns nicht. War ich also durch den Ort meiner Geburt eine Deutsche? Ganz genauso wie alle anderen? Wie all diese blonden Kinder, deren Mütter akzentfrei sprachen, sonntags Kuchen backten, zu Weihnachten Keksdose um Keksdose mit duftenden Mandelbroten und Vanillekipferln füllten und niemals bedauerten, dass wir keine Schuluniformen tragen mussten wie im glorreichen England oder auch in Indien?

Während die anderen Mütter fanden, dass wir zu viele Schulaufgaben zu erledigen hatten, wunderte sich meine, wenn wir nicht bis spät in die Nacht im Schein der Schreibtischlampe irgendetwas schreiben, rechnen oder stumpf auswendig lernen mussten. Auch dass wir nur halbtags Unterricht hatten und uns am freien Nachmittag etwa mit Hinkelkästchenhüpfen vergnügen konnten, befremdete sie.

Daneben verwiesen ganz kleine Dinge auf unser Anderssein. Beispielsweise dieser Mann, der in der Kölner Fußgängerzone Flyer verteilte. »Sie brauchen so was nicht«, sagte er und riss meiner Mutter den Werbezettel für ein neu eröffnetes Sonnenstudio wieder aus der Hand. Ganz wie alle anderen konnten wir also doch nicht sein.

Obwohl es bei uns meistens roch wie in den anderen Reihenhäusern, die in einer Vorortsackgasse standen, duftete es ab und an süßer oder würziger, nämlich nach frischen Alfonso-Mangos, nach Koriander-Minz-Chutney oder nach Kurmin. Und während bei den Nachbarn das Gästezimmer eine eher dekorative Funktion hatte oder dem Vater als Fluchtort diente, wenn des Nachts zu viele Kinder ins Ehebett wanderten, rückten bei uns fast jeden Monat Unbekannte an, die meine Eltern mit großer Selbstverständlichkeit beherbergten.

Noch in Indien war meine Mutter als junge Frau hoffnungsvoll in die Welt der Deutschen eingetaucht. Da Nanna den Kindern der Nachbarschaft die französischen Vokabeln eintrichterte, schließlich hatte sie einen Collegeabschluss in diesem Fach, wählte meine Mutter eine andere Sprache und lernte Deutsch am Max-Mueller-Bhavan in Puna.

Jeder hierzulande, glaubte sie, müsse den genialen Wissenschaftler kennen, dessen Lebenswerk darin bestand, die indische Lebensweise und Sprache zu erforschen, und wahrscheinlich furchtbar stolz auf ihn sein. Immerhin war ein wichtiges Institut nach ihm benannt worden. »Sind Sie mit dem Werk Max Mueller Bhavan vertraut?«, fragte sie also meinen Vater in den ersten Tagen ihres Kennenlernens.

Nun gab es bei meinem Vater im Grunde genommen kaum Bildungslücken, wenn man von zwei Themen absah. Das eine war Fußball, das andere Musik. »Hm, doch ja«, sagte er, was eigentlich »Nein« bedeuten sollte. »War das nicht dieser Komponist? Dieser, dieser…«, stammelte er.

»Fast«, kam ihm meine Mutter zu Hilfe. »Sie spielen sicher auf die Lieder von Schubert an, auf die *Winterreise*, aber es war nicht Max Müller, der die Texte für diese Melodien schrieb, sondern sein Vater Wilhelm.« Den meine er sicherlich, fügte sie hinzu. Mein Vater schwieg, war in diesem Moment bloß froh, dass ihm zumindest dieser Müller zuerst eingefallen war und nicht etwa Gerd Müller, der berühmte Fußballer.

Als meine Mutter später nach Deutschland zog, stellte sie fest, dass niemand, wirklich niemand wusste, wer Max Müller oder, richtiger, Friedrich Max Müller war. Selbst das Institut, das sie mit dem Rüstzeug für ein Leben in Europa ausgestattet hatte, war außerhalb Indiens nur als »Goethe-Institut« bekannt, die Bezeichnung »Max-Mueller-Bhavan« wurde lediglich in Indien benutzt. »Goethe, Schiller und allerlei Krankheiten«, lästerte sie bei Nanna, »das ist alles, was diese Menschen kennen.« Und ihre Achtung vor diesem Volk sank ein ganz klein wenig, als sie merkte, wie wenig die Deutschen über ihr eigenes Land wussten.

Es gab also auf die Frage: »Was bist du?«, einfach keine befriedigende Antwort. Weshalb die Fragesteller sich gezwungen sahen umzuformulieren. Stattdessen wollten sie nun wissen: »Zu wie viel Prozent kommt ihr euch denn deutsch beziehungsweise indisch vor?« Auch schwierig. Wenn ich in Bombay war, fühlte ich mich eigentlich ganz heimisch, aber reichte das für die logischen fünfzig Prozent oder gar für die magischen hundert? Kaum, denn schließlich hatte ich gleichzeitig beim Sportfest in der Schule oder beim Tennis auf dem Garagenhof unserer Reihenhaussiedlung ebenfalls den Eindruck, ganz und gar zu Hause zu sein. Musste man tatsächlich einen Mittelwert für heimisch errechnen, um eine korrekte Antwort zu geben? Konnte man nicht einfach beides mit undefinierten, womöglich wechselnden Anteilen sein? Ich fand schon.

Zusätzlich sollten wir über allen Unsinn, den irgendwer über Indien auftat, Auskunft geben: Musste mein Großvater für meine Mutter eine Mitgift in Gold bezahlen? Fütterten wir Kühe, wenn wir sie am Wegesrand sahen? Lebten unsere Verwandten in Bombay auf der Straße? Weil alle Inder unfassbar arm seien. Oder gehörten sie zu den sagenhaft Reichen? Schließlich gäbe es in Indien ja Menschen, die märchenhafte Paläste bewohnten. Meinem Vater, einem gemütlichen Mann vom Niederrhein, wurde sogar unterstellt, er hadere damit, nur zwei Töchter und keinen Sohn zu haben. Schließlich galten Mädchen in Indien als Belastung.

Besonderen Genuss bereitete unseren deutschen Gesprächspartnern immer wieder die Frage, welcher Kaste wir angehörten. Sie schienen sich allein beim Gedanken an dieses System wahnsinnig egalitär und dadurch ein wenig dem gemeinen Inder überlegen zu fühlen. Wir hingegen genossen es, wenn wir ehrlich antworten konnten, dass wir keine Ahnung vom Kastenwesen hätten und unseres Erachtens auch keiner bestimmten angehörten. Gebildete Deutsche hakten daraufhin nach, welchem Beruf unser Großvater nachgehe, um daraus eventuell Rückschlüsse auf die Kastenzugehörigkeit zu ziehen. War er Latrinenreiniger, Ledergerber oder Priester? Die richtige Antwort, dass unser Großvater Pilot sei, der riesige Jets von Bombay in alle Welt flog, war in diesem Zusammenhang häufig unbefriedigend, denn eine Kaste der Düsenflieger, die gab es nicht.

Nun hatte ein Kind aus meiner Klasse etwas über die indische Witwenverbrennung gehört und mich nach Details gefragt. Hatte ich so etwas schon einmal gesehen? Wurde das auf der Straße gemacht, oder gab es dafür spezielle Orte? Ich erfuhr zum ersten Mal von dieser schrecklichen Tradition und war fix und fertig.

Niemand würde unsere Großmutter ins Feuer stoßen, versprach meine Mutter, als ich es an einem Abend wirklich nicht mehr aushielt und fragte, ob es stimme, dass Nanna so etwas Schreckliches bevorstehen könnte. »Erstens: Wir sind Katholiken.« Ja, das stimmte. Meine Mutter war zwar Inderin, was gemeinhin als exotisch galt, betete aber zu keinem Elefantengott, sondern stellte sich in der Kirche brav in die Schlange derer, die auf ihre Kommunion warteten. Fast alle Inder, die wir kannten, zumindest alle in unserer Familie waren katholisch und trugen portugiesische Nachnamen. Sie lebten in Bandra, einem Stadtteil Bombays, der stark christlich geprägt ist und in dem an jeder Ecke eine Kirche oder ein steinernes Kreuz steht. Bandra war so katholisch, dass sogar die Hindus hier einmal in der Woche zum Gottesdienst gingen, nur um auf der sicheren Seite zu sein. An den Klingelschildern der meisten Wohnungen, die wir besuchten, standen portugiesische Nachnamen wie Gonsalvez, Gomes oder Fernandes. Aha, meinten eifrige deutsche Herkunftsforscher manchmal. Dann seien unsere Großeltern und ihre Freunde ja gar keine richtigen Inder, sondern Portugiesen. Waren sie aber nicht, sondern Marathen, die vor knapp vierhundert Jahren von portugiesischen Missionaren getauft wurden. Immerhin gehören heute zwei Prozent der Inder einer christlichen Religion an, hochgerechnet auf die Gesamtbevölkerung nicht wenige.

Trotzdem galt das Katholikenmerkmal in den Augen der Deutschen als Makel, denn richtige Inder glaubten nicht an Jesus oder den Papst – richtige Inder hatten vielköpfige Gottheiten anzubeten und mussten die Karma Sutra in- und auswendig kennen. Aber danach wurden wir als Kind glücklicherweise nicht gefragt. Die Witwenverbrennung reichte mir schon als Aufreger, meiner Mutter vermutlich ebenfalls.

»Wenn dich also noch einmal jemand fragt, wie das ist mit deiner Großmutter, dann sagst du ruhig, dass niemand in Bombay Witwen verbrennt. Warte bis zur Hochzeit von Robert, da wirst du ja alle sehen und kannst dich selbst davon überzeugen, dass niemand deiner Großmutter etwas antun würde.«

Ich freute mich auf dieses große Familientreffen, nicht nur um sicherzugehen, dass Nanna keine Gefahr drohte. Doch es kam anders. Als mein Onkel an einem Nachmittag im Dezember 1988 am Altar der Mount Carmel Church in Bandra stand und auf seine Braut Sandra wartete, die bald den langen Gang entlangschreiten würde, waren alle Mitglieder der Familie Fernandes zu diesem Überfest nach Bombay gereist. Alle bis auf uns. »Eine Schande«, fand meine sehr lebendige Großmutter. Unsere Abwesenheit sei ein Sündenfall und durch nichts zu entschuldigen.

Mit der Zeit lernte ich die zahlreichen kulturellen Missverständnisse zwischen Deutschen und Indern besser kennen und vor allem umschiffen. Ich wusste, wie man im indischen Großraumbüro überlebte und wie man all jene mied, die einem auf Partys ihre schlimmsten Indien-Erlebnisse schilderten, die größtenteils mit den sanitären Einrichtungen zu tun hatten und somit Geschichten waren, die man eigentlich von niemanden von nirgendwo hören mochte. Ich begann zu ahnen, warum die Deutschen auf den indischen Filmstar Shah Rukh Khan standen und sah zufrieden, dass die Zahl der deutschen Frauen, die mit unrasierten Beinen nach Indien fuhren, abnahm. Und was indische Empfindlichkeiten betraf, so lernte ich vor allem die goldene Regel der indischen Hochzeit zu befolgen: Erstens: Lade immer alle ein. Zweitens: Verpasse nie die Hochzeit eines nahen Verwandten, es wird dir noch jahrelang nachgetragen.

Von Lufthansa und Liebe

Die Fliegerei führte meine Eltern zusammen. Meinem Vater war von der Lufthansa zu Beginn der Siebzigerjahre eine Wohnung, ein Koch und ein Fahrer in Aussicht gestellt worden, wenn er für eine Weile nach Bombay ging in die dortige Niederlassung der Airline. Zur gleichen Zeit suchte meine Mutter eine Anstellung bei einem deutschen Unternehmen, um nach ihrer Zeit am Max-Mueller-Bhavan diese furchtbar sperrige Sprache nicht sofort wieder zu vergessen. »Geh zur Lufthansa«, sagte der Captain, »damit machst du nichts falsch.«

Ihr Deutsch wurde immer besser, auch die Beziehung zu ihrem Kollegen, der sich reibungslos in das Leben rund um die Mount Carmel Church integrierte. Eine Eheanbahnung am Arbeitsplatz also. Für deutsche Verhältnisse nichts Außergewöhnliches, für indische hingegen sehr wohl. Meine Mutter stammte aus einem kleinen, katholischen Stadtviertel, mein Vater genauso, nur dass das eine zu Bombay und das andere zu Krefeld gehörte. Besser hätte man es selbst mithilfe von Astrologen und Annoncen nicht arrangieren können.

Und so stand Nanna, wie immer stilsicher im Twinset, an einem lauen Juniabend in einer Stadt, von der sie nie zuvor gehört hatte. »Das ist also Krefeld,«

stellte sie fest, als sie neben meiner Mutter auf die Menschenansammlung schaute, die sich draußen auf der Straße zusammengefunden hatte. »Und hier wirst du künftig wohnen?«

Meine Mutter musste sich diesen Teil ihres Lebens selbst noch schönreden. Gut, gab sie zögernd zu, eigentlich sei es ein Vorort, Hüls, in dem die künftigen Schwiegereltern lebten und wo alles ziemlich rustikal zugehe. Krefeld selbst aber sei eine herrlich kultivierte Stadt, angelegt um vier breite Boulevards, den Ostwall, den Nordwall, den Westwall und den Südwall. Das Rathaus stehe irgendwo dazwischen, genauso das Stadttheater, das sicher nie den Titel »Opernhaus des Jahres« verliehen bekäme, aber immerhin ein gutes Programm auf die Beine stelle. Joseph Beuys sei hier geboren, den kannte Nanna nicht, doch mit dem Tuchfabrikanten Hermès konnte sie etwas anfangen. »Ja, der Gründer dieser berühmten französischen Luxusmarke stammte ursprünglich aus Krefeld«, erklärte meine Mutter. Ein Hugenotte vom Niederrhein, der hier eine Sattlerlehre machte und später nach Paris zog. Es könne in Krefeld eigentlich nicht schlecht sein, meinte sie.

Vielleicht war es tatsächlich nicht schlecht hier, fand Nanna. Die Straßen wirkten nett und gepflegt. Das Leben der Menschen allerdings erschien ihr als sehr hart, denn sie waren sich offensichtlich nicht zu schade, selbst in ihren Gärten zu arbeiten. Sie hatte schon mehrere Anwohner gesehen, die Blumen pflanzten und Unkraut in ihren Vorgärten jäteten. Was bedeuten musste, dass sie nicht genug Geld hatten, um sich einen Gärtner zu leisten. So sah Nanna das, bewunderte jedoch die einfachen Niederrheiner, weil sie es sich trotzdem so hübsch wie möglich zu machen versuchten und sogar Geranien in die Fenster hängten.

Warum die Leute allerdings ungeachtet ihrer offensichtlichen Armut an einem sogenannten Polterabend einwandfreies Porzellan zerschlugen, das verstand sie nicht. Meine Mutter hatte sie zwar vorgewarnt, dass man auf der Straße Schnaps trinken und ein paar Teller zertrümmern würde, die das Brautpaar dann auffegen müsse, doch das Ausmaß, das sie zu sehen bekam, schockierte sie.

»Warum schleppen diese Menschen bloß eine Toilettenschüssel durch die Straßen?«, fragte sie völlig verstört meine andere Großmutter. Das sei so Brauch in der Gegend, und Scherben würden dem Brautpaar angeblich Glück bringen, antwortete die Krefelder Oma. »It's very lucky«, sagte sie und strich sich mit ihrer rundlichen Hand über die blonden, frisch dauergewellten Haare. Nanna war da ganz anderer Meinung: Ein Klo gehörte nie im Leben zu den Dingen, die auf einer stilvollen Feier eine Rolle spielen sollten. Nicht einmal als Glücksbringer. Sie war entsetzt, als das Porzellan im nächsten Moment zerschlagen und ein Waschbecken gleich hinterhergeworfen wurde. »Bringt ein Waschbecken auch Glück?«, wollte sie wissen, als eines unmittelbar nach der Toilettenschüssel zu Bruch ging. Überdies empfand sie das Ganze als pure Verschwendung. In Indien hätten viele Leute diese Sachen gut gebrauchen können. Selbst ihr eigenes Waschbecken sah nicht so gut aus wie das weiße Exemplar, das jetzt zerschmettert auf den grauen Gehwegplatten lag.

Während Oma ihre knubbelige kleine Nase kräuselte und die hellen Augen zusammenkniff, dabei entschuldigend etwas von stillos murmelte und dass ihr Sohn ihr verboten habe, sich mit den Nachbarn anzulegen, was sie sonst gerne tat, erklärte meine Mutter Nanna, was Sache war. »Schau, der Mann, der hier das ganze Zeug zerschlägt, renoviert gerade sein Haus. Das neue Badezimmer soll bahamabeige werden, deswegen nutzen sie unsere Hochzeit, um ihre weißen Sachen loszuwerden.«

»Diese Deutschen«, sagte Nanna später leicht verstört zum Captain, dem es ganz ähnlich ging. Allerdings war es bei ihm weniger der Scherbenhaufen, der seinen Unmut erregte, sondern die Horde Männer in kurzen Hosen, Socken und Sandalen, die auf der Straße Schnaps tranken. Er hatte ja in seinem Leben schon so einiges erlebt, aber so was noch nie.

Auch mein Vater geriet in das Durcheinander aus Brauchtum und Erwartungshaltung, wenngleich unter umgekehrten Vorzeichen. Er trug an diesem Polterabend einen Turban aus rosafarbenem Krepppapier – ein Großonkel mütterlicherseits, der seit Jahrzehnten in London lebte, hatte ein paar dieser Scherzartikel mit an den Niederrhein gebracht, um die für indische Begriffe ungewöhnlich kleine Hochzeitsfeier – er hatte gehört, es kämen nur knapp fünfzig Leute – mit ein wenig folkloristischem Nonsens aufzupeppen. Mehr nicht.

Doch die deutschen Gäste beim Polterabend deuteten die Papierturbane als Anspielung auf indische Traditionen, und hinter vorgehaltener Hand wurde die Erwartung geäußert, dass am nächsten Tag ein exotisches, wildes Fest stattfände. Wenn der Bräutigam schon am Polterabend einen rosafarbenen Kopfschmuck trug, wie man ihn nur aus dem *Tiger von Eschnapur* kannte, was würde man da erst bei der Hochzeit geboten bekommen? Tempeltänzerinnen mit Saris und nackten Bäuchen, in deren Nabel Edelsteine glänzten?

Nanna schämte sich ein bisschen für die Verrücktheit ihres Schwagers und genauso für die bescheidene Feier und nippte höflich an dem Gläschen Schnaps, das ihr von den Nachbarn angeboten wurde. »What is it?«, fragte sie wiederum an die Mutter meines Vaters gewandt. »Apfelkorn«, antwortete die. »Uh, very lecker«, fand Nanna, und so passierte, was Rudyard Kipling zufolge niemals passieren konnte und sollte: Ost und West fanden zueinander, womit folgende Worte des britischen Dichters als widerlegt gelten dürfen:»West is West and East is East, and never shall these two ones meet.« Beim Polterabend meiner Eltern in Krefeld jedenfalls machte der Apfelkorn scheinbar Unmögliches möglich und vereinte niederrheinische Urwüchsigkeit mit der exotisch-mystischen Welt Asiens.

Die Hochzeit meiner Eltern in einer in den Ausläufern einer Endmoräne gelegenen Kapelle war für indische Begriffe alles andere als ein rauschendes Fest. Und selbst für die vielen einheimischen Schaulustigen, die sich an diesem schwülen Julitag vor der kleinen Kirche eingefunden hatten, um das ungewöhnliche Brautpaar zu bestaunen, muss es eine gewaltige Enttäuschung gewesen sein. Man sah inmitten des dichten deutschen Waldes weder Saris noch Edelsteine und schon gar keine leicht bekleideten Frauen, von denen in besagten Gerüchten gemunkelt worden war. Nur die hinlänglich bekannten Gesichter sowie ein paar Menschen, die vielleicht fremdländisch wirkten, aber keinesfalls als seien sie gerade dem Dschungel entstiegen.

Und die angeblich exotische Braut? Sie war jung und hübsch, klein und dünn wie Twiggy, vielleicht etwas brauner als der Rest. Doch sie trug keinen Ring in der Nase und keinen Punkt auf der Stirn, weder einen roten noch einen schwarzen, und ihr Kleid entsprach dem braven Stil der Siebziger. Es war schlicht reinweiß, züchtig hochgeschlossen, gerade eben mit einem halsfernen Ausschnitt – man hätte nicht sagen können, ob es in Krefeld gekauft oder in Bombay geschneidert worden war. Auch ritten Braut und Bräutigam nicht auf einem Pferd in die mit weißen Rosen geschmückte Kapelle ein, und es wurden keine Räucherstäbchen angezündet. Es roch allein nach Weihrauch und dem 4711 der älteren Damen mit Bernsteinketten und ondulierten Haaren, die in ihren pastellfarbenen Sommerkostümen aus Polyester auf den Holzbänken hinter meiner deutschen Oma Platz genommen hatten.

Als die Orgel endlich den Hochzeitsmarsch anstimmte und der Captain mit seiner Tochter am Arm die Kapelle betrat, begannen sie zu tuscheln. Im schummerigen Licht sah nämlich mein Großvater in seinem Dreiteiler überhaupt nicht indisch aus, sondern erinnerte eher an einen bekannten deutschen Politiker. »Das ist doch der Barzel«, sagte eine der

Damen. »Das kann nicht sein«, antwortete eine andere, die wusste, wie groß die Liebe zur SPD in unserer Familie war, »der ist doch von der falschen Partei.« Erst beim Näherkommen verstummten alle Spekulationen, denn zweifelsfrei war jetzt zu erkennen, dass nicht der CDU-Politiker Rainer Barzel die Braut zum Altar führte. Auch diese hatten sich die alten Damen zumindest ein wenig exotischer vorgestellt. Die sah ja bestenfalls aus wie eine Spanierin, stellten sie fest, als sie dem Brautpaar nach der Trauung gratulierten.

Überhaupt gingen die kulturellen Missverständnisse fröhlich weiter. Bereits im Vorfeld hatte meine Mutter Nanna die Gepflogenheiten einer gutbürgerlichen Hochzeit am Niederrhein zu erklären versucht. Es würde ohne großes Bohei abgehen. Mit einem Empfang im Anschluss an den Gottesdienst und abends einer kleinen Feier. Nur wusste meine Mutter nicht so ganz genau, wie und wo da die Grenzen gezogen wurden zwischen den beiden Kategorien. Zu einem Empfang, meinte sie, würden gleich nach der Kirche diejenigen eingeladen, die man abends auf der Feier nicht dabeihaben wolle, und sie bekämen bloß Kaffee und Kuchen.

Nanna konnte sich nur wundern. »Sie wissen, dass sie Braut und Bräutigam nicht besonders wichtig sind – weil sie sonst abends eingeladen würden? Und trotzdem kommen sie?«, fragte sie ungläubig.

Meine Mutter dachte nach, wie ihre Schwiegermutter das genau erklärt hatte. »Man macht das hier so«, meinte sie vage. »Die Leute erwarten gar nichts anderes, weil alle, die hier heiraten, nur ganz, ganz wenige Leute zur richtigen Feier einladen.«

»Sind sie so arm?« Nanna dachte wieder an die Menschen, die eigenhändig ihre Gärten pflegten und ihre Autos wuschen.

»Ja, ich glaube schon. Alle jammern immer, dass sie kein Geld haben. Jedenfalls kommen zum Empfang alle möglichen Leute, essen Kuchen und trinken Kaffee, danach gehen sie wieder.«

Aber Kuchen, behauptete Nanna, werde doch als Nachtisch gereicht. Wie könne man Gästen nur Dessert anbieten ohne ein richtiges Essen vorher? »Das sollte in einem Land wie diesem eigentlich möglich sein«, fand sie.

»Für die Deutschen«, sagte meine Mutter leise und verschwörerisch, »für die Deutschen ist Kuchen eine richtige Mahlzeit. Sie essen ihn jeden Tag, und am Wochenende laden sie einander zum Kuchenessen ein. Meistens backen sie ihn sogar selbst. Und auch dann gibt es vorher nichts Anständiges zum Essen – und nachher ebenfalls nicht. Man wird vor dem Dinner nach Hause geschickt.«

»Sie bieten den Gästen nicht einmal ein Sandwich an?«

»Nein, kein Sandwich und keinen Whisky.«

»Was sind das nur für Leute?«

»Deutsche.«

Nanna begann sich Sorgen zu machen. Würde ihre Tochter in diese komische Gesellschaft passen? Sie hatte schließlich keine Ahnung vom Kuchenbacken und, genau genommen, nicht einmal vom Kochen und vom Einkaufen. Sie wusste ja kaum, wie man die eigene Armbanduhr aufzog. Das würde ein gewaltiges Abenteuer für ihr behütetes Kind werden, fand Nanna. In einem solchen Land.

Sie änderte ihre Meinung über die merkwürdigen deutschen Hochzeitsempfänge auch nicht, als sie im Restaurant »Zur Talschänke« das erste Stück Grillagetorte ihres Lebens probierte. Während die rund siebzig Anwesenden, die Gäste zweiter Klasse also, sich immer neu anstellten und je zwei oder drei Stücke verputzten, zeigte sie sich nicht im Geringsten beeindruckt von dieser Perle niederrheinischer Konditorkunst, diesem Mischmasch aus Sahne und Baiser. »Zu fett, zu schwer, zu süß«, flüsterte sie dem Captain missbilligend zu.

»Ja, schade, dass man alle diese Leute einfach so abspeist.« Ihm behagte das Konzept des Empfangs offenbar genauso wenig, er ließ es sich jedoch nicht anmerken. Schon gar nicht, als die Krefelder Oma zu ihnen kam und freudestrahlend versicherte, wie blendend die Feier lief. Perfekt. Alle hätten ihre Geschenke pflichtschuldigst abgeliefert, was am Niederrhein schon etwas heißen würde. Ein oder zwei seien meist zu geizig, um etwas zu schenken, raunte sie ihnen zu.

Dann war da die Feier am Abend im Festsaal der Dorfschänke, die Nanna ebenfalls gewöhnungsbedürftig fand. Das schwere Essen, den vielen Wein, den Alleinunterhalter … »Wie sie das bloß aushalten, ohne einzuschlafen?«, fragte sie den Captain und rieb sich müde die Augen. Erst als Punkt zweiundzwanzig Uhr der Wirt die letzte Runde ausrief, erwachten ihre Lebensgeister wieder.

»You would like Apfelkorn?«, hörte sie nämlich die Oma fragen. Und Apfelkorn, hatte Nanna beschlossen, war ein Pluspunkt. Das Leben in diesem grauen Land mochte steril und trist sein, die Menschen aßen absonderliche Sachen wie glibberigen Aal und fette Sahne, aber dieser Schnaps war die beste deutsche Erfindung neben dem Automobil.

Jingle Bells – Indian Style

Wir kannten das Weihnachtsfest in zwei Versionen: der deutschen und der indischen. Dank Weihnachtssplitting, wie es in vielen Familien vorkommt.

Nachdem das vierte Adventskerzchen am Kranz angezündet worden ist, packen einige Familien das Auto bis unters Dach voll. Genau genommen bis übers Dach, denn obendrauf schraubt der Vater an seinem letzten Abend vor der Abfahrt den schweren schwarzen Skisarg, in dem er Bretter und Stöcke seiner Lieben versenkt. Die Mutter bereitet derweil den Picknickkorb vor, die Kinder suchen Hörspiele heraus, mit denen sie ihre Eltern bis weit hinter Salzburg oder St. Moritz nerven können. Andere bleiben zu Hause, hoffen auf Schnee und darauf, dass es in diesem Jahr keine hässlichen Szenen unter dem Fensterbildstern von Bethlehem gibt und Mutter und Vater sich vertragen. Oder die Eltern sind schon einen Schritt weiter und reden gar nicht mehr miteinander. In diesem Fall müssen die Kinder sich zwar keine Diskussionen mehr über das falsche Geschenk, eine versalzene Gans oder zu wenig Zuneigung anhören, stattdessen jedoch ihre Zeit gleichmäßig zwischen der mütterlichen und väterlichen Familienhälfte aufsplitten. Für sie gibt es dann doppelt so viele Päckchen wie vorher, die sie jedoch mit dem traurigen

Blick frisch versehrter Scheidungskinder betrachten.

Auch wir mussten uns aufteilen. Nur standen meine Schwester und ich nicht wie zwei verlorene Seelen zwischen verfeindeten Sippen, sondern sollten die Weihnachtsfeiertage einfach mit beiden Großelternpaaren verbringen. Mit Oma und Opa aus Krefeld sowie mit Nanna und dem Captain in Bombay. Wir freuten uns monatelang auf den Besuch bei ihnen. Nicht dorthin zu fahren war undenkbar für uns – genauso gut hätten wir zu den Zeugen Jehovas wechseln und Weihnachten gar nicht feiern können.

Jeden Monat schrieben Nanna und der Captain lange Briefe auf dünnem Luftpostpapier, schickten blaue Aerogramme und hin und wieder auch Fotos von sich auf Reisen. Am Wochenende telefonierten wir regelmäßig, doch die Leitung war ebenso schlecht wie teuer. Und was nützte das ganze Schreiben und telefonieren überhaupt, wenn man einander nie sah? Deswegen wollten wir mindestens zweimal im Jahr bei ihnen sein, zu Weihnachten und zu Ostern.

Das lief dann so ab: Eine Woche vor Heiligabend tauchten in unserem Wohnzimmer zwei bis drei riesige Koffer auf, in denen unsere leichte Sommerkleidung einen winzigen Teil einnahm. Hosen, T-Shirts, Sonntagskleider bildeten ein nützliches Polster um ein kleines Warenlager mit allen möglichen Sachen, die Nanna in der indischen Mangelwirtschaft vermisste. Was sie selbst nach Jahren engen Kontakts zur neuen Heimat meiner Mutter allerdings nicht daran hinderte, Deutschland im Vergleich zu Bombay als einen unzivilisierten Flecken Erde zu betrachten. Aber magischerweise lagen dort Dinge im Ladenregal, die auch von ihrem hohen indischen Ross aus betrachtet äußerst praktisch sein könnten. Maggie-Nudelsuppe in Tüten und allerlei Brühwürfel. Rama-Margarine, Leberwürste und Salami. Nutella und Käseecken. Sprühdeo und Haarspray. Nylonstrumpfhosen, Melitta-Kaffeefilter, Topfreiniger und, und, und. Mein Vater packte noch seinen handlichen Weltempfänger dazu, damit er selbst in der Fremde die Geschicke seiner SPD weiterverfolgen konnte.

Zwei Tage vor Heiligabend, die Koffer waren schon komplett gepackt und bereit, verschlossen zu werden, begann bei uns die Zitronentee-Diskussion. Für uns Kinder das lang erwartete Zeichen, dass es bald wirklich in die Ferien gehen würde. Weniger schön fanden wir es allerdings, dass unsere Eltern sich immer wieder wegen der gleichen Sache in die Haare bekamen. Es begann damit, dass meine Mutter eine oder mehrere Packungen Zitronenteegranulat von Aldi in den Koffer legte, den mein Vater, sobald er abends von der Arbeit nach Haus gekommen war, wieder herausnahm und ihn irgendwo versteckte: mal auf dem Küchenschrank, mal hinter dem Putzzeug in der Waschküche. Mal stand der Tee in der Garage, mal lag er in der messingbeschlagenen Holztruhe bei der Gartentür. Jahr für Jahr. Am nächsten Tag dann plünderte meine Mutter die Verstecke, die sie mit der Zeit alle kannte, und legte den Tee zurück in den Koffer, woraufhin mein Vater bei seiner abendlichen Inspektion frustriert sagte: »Das ist Tee.«

Pause. Eine Art Pause, die man hören konnte.

»Ja, Zitronentee.«

»Wir nehmen wohl nicht ernsthaft Tee mit nach Indien.«

Meine Mutter pflegte daraufhin die Pause noch stärker zu betonen, indem sie schweigend das Glas in ihren Händen drehte, sodass nur das leise Rasseln des Granulats zu hören war. Bis sie schließlich provokant sagte: »Doch.« Der Captain habe eigens darum gebeten, weil dieser Tee ihn auf langen Flügen wach halte. Punktum. Das sei ja wohl wirklich kein Problem, dieses bisschen Tee mitzunehmen.

Ein Problem nicht, antwortete mein Vater daraufhin mit schöner Regelmäßigkeit, aber total irre. »Kann er nicht normalen Tee trinken und ein wenig Zitrone reinträufeln?« Es leuchtete ihm einfach nicht ein, dass man Tee aus Indien nach Deutschland exportierte, ihn in einer Fabrik zu einem zuckrigen, körnigen Etwas verarbeitete, damit er von Leuten wie uns zu einem Vielfachen des Preises wieder nach Indien geschleppt wurde. Eine widersinnige Form des Reimports.

Mein Vater hatte natürlich recht, was nicht hieß, dass er auch recht bekam, und so trugen wir jedes Jahr aufs Neue Zitronentee nach Indien. Überdies entsprach das ebenfalls einer Regel, die man einhalten sollte, wenn man sich mit seiner indischen Familie gut stellen will: Man bringt mit, was verlangt wird. Egal was. Zum Ausgleich wird man sein Leben lang mit Gewürzpasten, Cashewnüssen und Mangos versorgt – in einer Qualität, von der jeder Edeka-Einkäufer träumt.

Sobald der letzte Tee verstaut war, ging es los mit der ersten weihnachtlichen Familienfeier. Wir fuhren quer durch die Stadt nach Krefeld-Hüls zu Oma und Opa, um dort den Heiligen Abend zu verbringen. Auf der dekorierten Anrichte in der kleinen Etagenwohnung stand Jahr für Jahr die schönste Plastiktanne, die man für Geld kaufen konnte. Oma holte das Bäumchen immer am Morgen des 24. Dezember vom Speicher, staubte es ab, klappte es auf und schmückte es mit einer bunten Lichterkette. An die Zweige hängte sie rote, goldene und grüne Glaskugeln und schüttete zum Schluss über das Ganze mehr Lametta aus, als dem Gesamteindruck dienlich war.

Aber nicht nur der bunte Baum hatte Tradition – auch der Kirchgang und das Festessen mit knuspriger Ente, Rotkohl und lockeren, dampfenden Klößen gehörten zu Weihnachten bei Oma und Opa. Alles lief besinnlich ab, wenn wir uns nach dem Gottesdienst zum Essen an den Tisch setzten. Leise Musik spielte im Hintergrund, ein selbst gebackenes Pfefferkuchenhaus wartete darauf, abgeknuspert zu werden, die Geschenke lagen schön verpackt unter dem Bäumchen, und alles in der Zweizimmerwohnung verströmte Einkehr und Festtagsstimmung. Genauso, wie man sich eine typisch deutsche Weihnacht voller Ruhe und Harmonie vorstellt.

Zumindest mit der Ruhe war es am nächsten Morgen vorbei, denn dann brachten die Großeltern uns nach Düsseldorf zum Flughafen, wo wir, immer noch im besten Sonntagskleid, zwischen den Durchsagen inbrünstig zu Gott beteten: »Bitte, sorge dafür, dass wir einen Platz bekommen.« Wir waren nämlich »Lufthanseaten«, das heißt Angestellte beziehungsweise Angehörige von Angestellten dieser Airline, und flogen Standby. Wir konnten also nur mit, wenn die Maschine nicht ausgebucht war, und wussten bis kurz vor dem Abflug nie, ob wir freie Plätze ergatterten oder unverrichteter Dinge im Auto nach Hause zurückkehren mussten.

Bei anderen Reisezielen machten wir uns deshalb keinen Kopf.

Wenn es klappte, dann flogen wir – wenn nicht, wichen wir auf einen anderen Tag aus und zur Not sogar auf ein anderes Ziel. Wir waren es gewöhnt, statt wie geplant nach Spanien zu fliegen, plötzlich etwa in London zu landen. Bombay allerdings war nicht austauschbar. Deshalb konnte ein wenig Bitten und Flehen gen Himmel nicht schaden, auch wenn wir nicht ganz so fest an Gott und die Macht des Gebets glaubten wie unsere streng katholischen Großeltern. Doch der Wille, das Weihnachtsfest gemeinsam zu feiern, der verband uns, und so lungerten wir immer in Sichtweite des Gates herum, bis kurz vor dem Boarding die Durchsage ertönte, dass wir - die Familie Tenberg - uns unsere Bordkarten abholen und einsteigen durften.

Etwa acht Stunden später wurden die schweren Türen der DC10 wieder geöffnet, und mit einem Schlag fühlte es sich an, als werde die Kleidung durchtränkt mit feuchter, verdreckter Luft. Zudem hieß uns eine unverwechselbare Geruchsmischung aus Kloake, Feuer, Mottenkugeln und tropischen Pflanzen willkommen. Räudige Katzen schlichen im maroden Terminal herum, Türen hingen schief in den Angeln, vor der Passkontrolle bildeten sich lange Schlangen. Es war inzwischen weit nach Mitternacht, ein Flugverbot gab es nicht.

Der Flughafen hieß damals Bombay Sahar International, und positiv ausgedrückt könnte man sagen: Seine Funktion konzentrierte sich auf das Wesentliche, nämlich aufs Abfliegen und Ankommen. Von hier aus starteten hoffnungsvolle junge Männer nach Europa oder in die USA, wo sie studieren und sich ein neues Leben aufbauen wollten. Die letzten Stunden auf heimischem Boden konnten sie hier in aller Ruhe noch einmal über ihre Zukunftspläne nachdenken. Kein Geschäft lenkte sie ab, kein Restaurant lockte sie an, keine Kaffeebude verlangte ihnen schwierige Entscheidungen zwischen Voll- und Sojamilch ab.

Auch jenen, die zur Weihnachtszeit zurückkehrten, waren noch ein paar Minuten der Ruhe vergönnt, bevor sie sich in die Arme der lärmenden Verwandtschaft warfen. Denn bis heute muss jeder, der ins Land möchte, seinen Koffer *nach* der Reise durchleuchten lassen, was bedeutetet, dass alle Passagiere in den Genuss einer zusätzlichen Warteschlange kommen. Und noch immer dürfen in Bombay ausschließlich Fluggäste in den Terminal – wer kein Ticket hat, kommt nicht weiter als bis zur ersten gläsernen Schiebetür. Wahrscheinlich eine kluge Entscheidung, weil der inzwischen hypermoderne Flughafen sonst belagert wäre wie ein neuer Elektronikdiscounter kurz vor seiner Eröffnung.

Folglich spielte sich alles draußen ab. Wir kannten sie bereits, die Menschenmassen, die sich vor den Ausgängen drängten, um ihren Nitin oder Rajiv abzuholen. Väter drückten ihre Bäuche an die Absperrgitter, Cousins vierten Grades versuchten auf Zehenspitzen stehend noch mehr zu sehen, Frauen im Sari drängten sich vor, und jeder, der seinen Verwandten sah, schrie und johlte. Kofferträger und Taxifahrer boten ihre Dienste an. Inmitten dieses Wahnsinns stand ein distinguiertes Ehepaar, das auf Tochter, Schwiegersohn und Enkelkinder aus Deutschland wartete. Der Captain mit eingestecktem Seidentuch und neben ihm eine kleine, westlich elegant gekleidete Dame mit kurzen, lockigen Haaren und großer Hornbrille: unsere Nanna.

Weihnachten in Indien. Alles war hier anders, nur eines nicht: Die Plastiktanne, eine weitere Empfehlung meiner deutschen Oma, die Nanna, ebenso wie den Apfelkorn, großartig fand und die sie in ihren indischen Alltag integrierte. Jahrelang glaubten wir Kinder, es gäbe gar keine echten Weihnachtsbäume mehr, denn wir hatten außer in der Kirche nie einen gesehen. In Bombay stand er bloß nicht auf einer Anrichte wie bei der deutschen Oma, sondern auf dem Boden mitten in dem riesigen Wohnzimmer mit viel Platz drum herum für allerlei Dekorationen. Und einen zweiten Unterschied gab es. Während die eine Oma ganz scharf auf Lametta war, bevorzugte die andere dicke, bauschige Watte und Kunstschnee aus der Dose, und das im lauen indischen Dezember.

»Zum Glück benutzt sie keine echten Kerzen, sondern Lichterketten«, pflegte mein Vater zu sagen, wenn er das Wattemeer im Wohnzimmer sah. Ein Funke und das ganze Haus, in dem Nanna und der Captain lebten, wäre in Flammen aufgegangen. Und vielleicht nicht nur das, denn in Bandra, dieser Bastion römisch-katholischen Glaubens, liebte man es, Weihnachten üppig zu begehen.

In den Schaufenstern versanken die Waren in großen, fluffigen Wattewolken. Dicke Kunstschneesterne und -engel zierten die Glasfronten, und über den Straßen hingen bunt erleuchtete Sterne an Kabeln, während rot-weiße Pappen in Form von gebogenen Zuckerstangen die Wohnungseingänge zierten, leise berieselt von Plastikschnee. Am wildesten trieb den falschen Winterzauber das Möbelhaus Damian, bei dem lebensgroße Kunsthirsche den Weihnachtsmann in seinem Schlitten durch Schneelandschaften zogen. Als Kinder fanden wir natürlich alles wunderschön, was laut, bunt und schrill war. So auch das Auto eines Nachbarn, eines Muslims übrigens, das beim Zurücksetzen »Jingle Bells« spielte. Allerdings nicht nur zur Weihnachtszeit, sondern ganzjährig. Jahrelang.

Was also bei den deutschen Großeltern besinnlich und familiär gedacht war, bekam bei Nanna den Anstrich einer Party. Sie sah die Feiertage als gegebenen Anlass, Generationen kompliziert verästelter, mehrfach um die Ecke angeheirateter oder gar nicht verwandter, aber aus Gewohnheit als solche betrachteter Menschen ins Haus zu holen. Das Gleiche galt für Ostern, Geburtstage und manchmal sogar gewöhnliche Sonntage.

Während die westliche Welt noch Jahre brauchte, um so etwas wie »After-Work-Partys« zu erfinden, hatte Nanna das bereits mit ihren »After-Church-Partys« vorweggenommen, die mal bei ihr, ihrer Schwester oder einer Großtante stattfanden. An hohen Fest-und Feiertagen wie Weihnachten oder

Ostern jedoch immer bei ihr. In der Wohnung meiner Großeltern im ersten Stock eines dem Bauhausstil verpflichteten Gebäudes, das auf einer Seite halbrund und auf der anderen eckig war. Palmen umstanden es und spendeten Schatten, und so spielte sich das Leben bevorzugt auf der großen Veranda mit ihren gemütlichen Korbstühlen, der Liege und den vielen Blumen ab, die meine Großmutter jeden Morgen eigenhändig goss. Das Wohnzimmer wurde eigentlich nur benutzt, um den Weihnachtsbaum aufzustellen oder um eine Party zu feiern. Oder beides zusammen.

Zu diesen Partys kamen alljährlich hagere ältere Damen in knielangen Kleidern oder Röcken und Blusen mit Schößchen, die alle einen praktischen Kurzhaarschnitt trugen und stets ein vom Dhobi, also vom Waschmann, gestärktes Taschentuch in der Hand hielten. Die kleinen Mädchen trippelten in Lackschuhen und steifen Kleidchen umher, den Jungen sah man an, dass ihre Mütter sich am Anfang des Tages Mühe gegeben hatten, sie ordentlich herzurichten. Nun aber kletterten sie verschwitzt über Kommoden und Betten, versteckten sich hinter Vorhängen, rissen sich gegenseitig Knöpfe vom Hemd und rannten immer wieder ins sogenannte Frühstückszimmer, wo der große Kühlschrank stand, und holten sich eine Limca, Goldspot oder Thums Up-Limonade heraus.

Die Erwachsenen saßen am alten Kartentisch und tranken Kingfisher-Bier. Einige Gäste, nicht unbedingt die jüngsten, legten sich zum Plaudern auf die Tagesdecke des großelterlichen Ehebetts. Was keineswegs als unhöflich galt, vielmehr ganz normalem Partyverhalten entsprach. Unsere Tante Sheila konnte eine Maus aus einem Taschentuch falten und über ihren Arm sausen lassen. Ihr Mann hatte einen Trick auf Lager, den wir Kinder noch faszinierender fanden: Er schaffte es, eine Zigarette mit und in seinem Mund auszudrücken. »Hör auf, den Kindern einen solchen Unsinn zu zeigen«, schimpfte meine Großmutter, wenn sie ihn dabei erwischte. Sie war wie alle Frauen ihrer Generation eine strikte Nichtraucherin.

Während die Gäste tranken, räumten Hausangestellte zwischendurch Gläser und Schalen weg, schleppten Eis herbei und rissen Chipstüten auf. Handgemachte Chips, denn zu dieser Zeit war dieser Zweig in Indien noch nicht industrialisiert, und es gab jede Menge individueller Chipsmanufakturen. Wir bezogen die Chips beim Betrieb der Nachbarn, den Printers, die sich umbenannt hatten, weil ihr ursprünglicher Name »Sodawaterbottleopenerwalla« fürs Vermarkten etwas sperrig war.

Nach den Printer-Chips wurde anderes aufgetischt: Currys, Biryani, Potatoe Chops und Pan Rolls, Daal und Sorpotel. Wer jemals bei meiner Familie zum Essen eingeladen war, wird sich fragen, wie man auf die Idee kommen kann, die Inder seien begeisterte Vegetarier. Meine Großmutter brachte auf den Tisch, was sie und alle anderen am liebsten aßen: Fleisch in allerlei Variationen. Wichtig war nur, dass das Essen nicht zu früh serviert wurde. Denn auch das gilt als Faustregel in Indien: Gäste sehen das Essen als letzten Akt und gingen danach meist umstandslos nach Hause. Und wer keinen verfrühten Aufbruch wollte, musste mit dem Servieren so lange wie möglich warten. »Erinnerst du dich an diesen komischen

Franzosen?«, fragte der Zigarettenonkel gerne. Die Geschichte hatte ihn wie alle anderen entrüstet. »Der Franzose hat eine Party veranstaltet. Um sieben sollten wir kommen, um neun waren alle da, und wir hatten erst einen Whisky getrunken, als es um halb zehn faden Fisch gab!« Der arme Franzose, über den so schlecht geredet wurde, hatte wahrscheinlich Rotwein gebunkert, den er später mit den netten Menschen aus der Nachbarschaft trinken wollte, und wunderte sich, wo sie alle plötzlich hinmussten. Er zog rasch weg, wurde aber lange noch als Geizhals beschimpft.

Nanna und dem Captain hätte so etwas nie passieren können – sie sorgten bei ihren Einladungen stets dafür, dass die Erwartungen der Gäste nicht enttäuscht wurden. Wozu im Übrigen ebenfalls gehörte, dass die Bude so voll war, dass sich kein Einzelner als Bürde fühlen konnte. »Egal was du tust«, riet Nanna meiner Mutter, »sorge immer dafür, dass genug Besuch ins Haus kommt.« Wieder so ein Unterschied zu den Sitten und Gebräuchen am Niederrhein. »Schau, dass nicht ständig alle zu dir kommen«, riet nämlich ganz im Gegensatz dazu die Krefelder Oma ihrer jung verheirateten Schwiegertochter. Die Leute hier hätten Sitzfleisch, warnte sie, und seien sie einmal in der Wohnung, gingen sie nie wieder nach Hause, sondern erwarteten nach dem Kuchen noch ein Abendessen.

Zur Abschreckung empfahl sie, einfach Brot mit Rübenkraut auf den Tisch zu stellen. Vor allem Besucher mit Kindern würden dann das Weite suchen, weil die zähe Zuckermasse so klebrig sei, dass man sie kaum abwaschen könne. »Ich hatte eine Cousine, die hat sich sogar eine Katze angeschafft«, verriet sie. Den

Zusammenhang verstand meine Mutter zwar nicht sofort, doch die Schwiegermutter erklärte es ihr. Jedes Mal, wenn die Cousine dachte, der Besuch sei lang genug da gewesen, habe sie dem Kind eine Scheibe Brot mit Grafschafter Gold geschmiert und es danach die Katze streicheln lassen.

»Schaff dir bloß keine Katzen an«, meinte Nanna, als sie von der Geschichte erfuhr. Das Rübenkraut hingegen reizte sie. Und weil es ihr schmeckte, gehörte es künftig zu den Sachen, die unbedingt bei Reisen nach Indien mitgenommen werden mussten. Aber nicht im Koffer – diesen Fehler hatten unsere Eltern nur einmal gemacht, und zwar bei der ersten Reise nach ihrer Hochzeit, danach nicht mehr. Es galt als Kinderaufgabe, Rübenkraut im Handgepäck nach Bombay zu schleppen, und sobald die Eltern Apfelkorn und Margarine aus dem Koffer schälten, packten wir die knallgelben Papptöpfe aus unseren Rucksäcken. Nanna dankte und stellte sie sofort in den Kühlschrank. Kein Gast bekam das Rübenkraut je zu Gesicht, geschweige denn auf den Teller. Es war das Einzige, was Nanna, sonst eine großzügige Gastgeberin, exklusiv für sich behielt.

Die schönen Tanten

Feste waren im Haus von Nanna immer wichtig, aber es gab ein Jahr, in dem alle Feste hinter einem zurückstehen mussten. Es war 1988, und Nannas jüngster Sohn hatte einen Entschluss gefasst. »Sandra Langhammer und ich wollen im Dezember heiraten«, kündigte er an, und Nanna lächelte hochzufrieden. »Aber lass es uns bitte richtig machen, nicht so ein kleines Fest wie bei deiner Schwester«, bat sie. Robert wäre alles recht gewesen, sogar mit seiner Braut alleine vor den Altar zu treten, er wusste jedoch, was er seiner Mutter schuldig war. »Natürlich nicht«, antwortete er und setzte damit Nannas Maschinerie in Bewegung.

»Ihr bekommt neue Tanten«, verkündete sie fröhlich bei unserem nächsten Besuch. Nicht dass wir unbedingt welche gebraucht hätten, wir waren an Tanten nicht gerade arm, weil alle Mädchen über einundzwanzig, die entfernt mit uns verwandt waren, als solche galten.

Da die Familien von Nanna und dem Captain beide aus Bandra stammten, lebte an jeder beschaulichen Straßenecke jemand, der uns zu sich hereinrief, wenn wir die Straßen entlanggingen. »Da seid ihr ja wieder«, pflegten alte Frauen in knielangen geblümten Tageskleidern zu uns zu sagen. Wenn diese Damen nicht gerade eines ihrer vielen Enkelkinder hüteten, zum Bingospiel in den Club gingen oder in die Kirche, saßen sie im Schaukelstuhl und beobachteten ihre Nachbarschaft. »O ja, hier sind wir wieder«, antwortete meine Mutter und schob uns in fremde Vorgärten, auf fremde Verandas und in Wohnzimmer von Leuten, die wir alle brav »Aunty« und »Uncle« nannten und die uns im Gegenzug Limca, Goldspot oder Thums Up servierten.

Diese Menschen sahen oft uralt aus, gingen tatsächlich häufig auf die neunzig zu, sodass wir in Deutschland gerne die Weisheit von uns gaben, die Lebenserwartung in Indien sei enorm hoch, das hätten wir mit unseren eigenen Augen gesehen. Diese alten Tanten strichen uns jedenfalls über die Haare und meinten, wir seien so gewachsen, seitdem sie uns das letzte Mal gesehen hätten. Die ganz alten behaupteten manchmal sogar, meine Mutter sei gewachsen, aber da irrten sie sich. Sie hatten sie einfach lange nicht mehr gesehen, denn meine Mutter hörte allem Anschein nach sehr früh auf zu wachsen.

Wenn wir genau wissen wollten, wie wir nun mit dieser Tante verwandt seien, wurde es entweder schwammig – wie beispielsweise: »Sie ist die Cousine des Mannes deiner anderen Tante, die wir gestern gesehen haben« –, oder Nanna und meine Mutter gaben gleich zu, dass wir gar nicht verwandt waren, die alte Dame jedoch die Mutter einer Klassenkameradin von Nanna war oder eine alte Badmintonpartnerin, es also ein Gebot der Höflichkeit sei, sie Tante zu nennen. Bandra war für uns somit ein unerschöpfliches Reservoir an alten Tanten, unbekannten Tanten, nicht verwandten oder nur über zehn Ecken verwandten

Tanten. Unsere deutsche Definition von Verwandtschaftsbeziehungen, wo klar geregelt war, wer als Cousine dritten Grades galt, kam da nicht mehr mit. Was sollte man auch von Kindern aus einem Land wie Deutschland erwarten, dessen Wortschatz das Substantiv »Schwippschwager« kennt? Einen Schwager also, von dem man sich distanziert, indem man behauptet, man könne gar nichts für ihn – jemand anders, nämlich die Schwester der Frau, habe ihn gewählt. Ein Inder hat sich diesen Begriff bestimmt nicht ausgedacht.

Die verwandtschaftlichen Verhältnisse in Krefeld dagegen waren eindeutig: Entweder man war angeheiratet, blutsverwandt oder gar nicht. So etwas wie gewachsene Verwandtschaft oder eine Höflichkeitsverwandtschaft gab es hier nur in ganz großen Ausnahmefällen. Selbst von den zwölf Geschwistern des Vaters unseres Vaters kannten wir nur wenige gut, die anderen überhaupt nicht.

Nach deutschem Verständnis hätten wir nach der Hochzeit außerdem nur eine neue Tante bekommen, nämlich Sandra. Doch Nanna meinte, wir bekämen mindestens zwei, nämlich Sandra und ihre Schwester Shonali. Laut meiner Großmutter zwei der schönsten Frauen Indiens. Was nicht nur sie fand, sondern eine Menge anderer Leute auch, denn sowohl die eine als auch die andere war Miss India gewesen.

Mein Onkel Robert lernte Sandra an einem Abend im April kennen. Seine Freunde und er wollten endlich raus aus Bandra mit seinen Kirchen und der nächtlichen Ruhe. In der Innenstadt Bombays, so hatten sie gehört, gab es Clubs, die so lange geöffnet hatten, bis morgens die ersten Menschen zur Arbeit gingen. Im Club 2000 sollte die beste Musik gespielt werden, und die Bollywoodstars gingen alle dorthin. Also hatten sie ihre dichten Haare in eine Form gebracht, die zu ihren Schlaghosen passte: wild und aufgebauscht. So sahen die Männer in den Anzeigen der abgegriffenen amerikanischen Zeitschriften aus, die der Captain von seinen Flügen mitbrachte. Sie hatten das französische Rasierwasser ihrer Väter benutzt, Zigaretten gekauft, heimlich natürlich, mehr Geld ins Portemonnaie gesteckt, als ihre Eltern für vernünftig gehalten hätten, und waren voller Aufregung quer durch die Stadt gefahren. Aus dem beschaulichen Bandra heraus, vorbei an der Hadji-Ali-Moschee, die wie ein Zeiger ins Meer ragt, und der Rennbahn, dem Mahalaxmi-Race-Course, am orange erleuchteten Marine Drive entlang, dieser leicht geschwungenen Straße, die wie ein Bogen um die dreckige Bucht herumführt. Sie hatten die Fenster bis zum Anschlag heruntergekurbelt, hörten Queen und schwitzten.

Eine leichte Brise wehte den Geruch des Meeres auf die Straßen herauf. Es roch ein bisschen nach Salz, noch mehr nach Unrat und getrocknetem Fisch, dazu mischte sich der Masaladuft der vielen Straßenstände. Mobile Gastronomen, meist dünn und ärmlich, schoben auf ächzenden Rädern Stände in die Wohnviertel und Ausgehdistrikte. In den weiß-blauen Holzverschlägen lagerten die Zutaten und Beigaben für das bombaytypische Bhelpuri, eine Mischung aus Puffreis, klein gehackten Tomaten, Zwiebeln, Koriander, Chutneys und Chili. An anderen Ständen wurden

Dosas verkauft, eine Art flache Pfannkuchen, die auf Platten gebraten und mit verschiedenen Soßen gegessen werden. Funzelige, nackte Glühlampen baumelten vom Dach, sodass jede Promenade nach dem Grad ihrer Beliebtheit erleuchtet war. Mehr Leute, mehr Stände, mehr Licht. Am Chowpatty Beach oder vor den Kinos bauten außerdem noch die Samosa-Händler ihre kleinen dreifüßigen Tische auf, von denen sie ihre heißen, fettigen Teigtaschen mit Gemüsefüllung verkauften.

Am Nariman Point, einem neu angelegten Geschäftszentrum, wo auch der Lufthansa-Tower und das Henkel-Gebäude stehen, bog das Auto, in dem Robert saß, nach links ab, fuhr durch ein Viertel mit niedrigen Wohnhäusern, überquerte den Colaba Causeway und kam schließlich vor dem Gateway of India an. Wie immer lagen im Wasser vor dem steinernen Bogen von Bombays berühmtestem Wahrzeichen ein paar Barkassen, die tagsüber Touristen zu den alten Tempelanlagen nach Elephanta herüberbrachten.

Robert und seine Freunde Ron und Niki hatten ihren Wagen beim Taj-Mahal-Hotel dem Parkwächter übergeben und wollten in den Club im Keller, doch an der Tür stand ein bulliger Russe und schickte sie prompt wieder zurück. Dorfjungs würden nur in weiblicher Begleitung eingelassen, sagte er ihnen, und auch nur, wenn diese weibliche Begleitung ein wirklicher Kracher wäre, sonst könnten sie es vergessen.

Als die drei eine halbe Stunde später in einem Restaurant am Marine Drive niedergeschlagen über ihren Tellern saßen, fragten sie sich, wie sie das wohl anstellen sollten. Das 2000 war eben doch das Terrain reicher Industriellenkinder aus Malabar Hill oder Breach Candy, die in riesigen Villen oder Apartments lebten und nicht sagen konnten, wie viele Angestellte ihre Eltern im Haushalt beschäftigten, weil ihre Zahl einfach zu groß war. Solche Typen, diese modernen Maharadschas, hatten selbstverständlich keine Schwierigkeiten, in Clubs zu kommen, Robert und seine beiden Freunde hingegen sehr wohl. Wen konnten sie schon überreden, mit ihnen in die Stadt zu fahren? Ihre Schwestern? »Ich kann meine Schwester nicht mitnehmen«, sagte Robert. »Sie lebt in Deutschland. Aber auch wenn sie in Bombay wäre, die ist so eine Spaßbremse, die geht nicht in Discos.«

»Meine hasst mich leider«, stellte Ron fest. »Nie im Leben kommt sie freiwillig mit, selbst wenn wir ihr und ihren dämlichen Freundinnen den Eintritt zahlen.«

»Meine Schwester«, sagte Niki, der sich gerade einen Samosa in den Mund schob, »hasst mich nicht, und ihre Freundinnen sind heiß, richtige Models und so!« Er war ein großer, blasser Kerl mit einem sanften Wesen, der den Weg vieler Bandra-Boys eingeschlagen hatte und eine Ausbildung zum Piloten machte. Deswegen trug er nur noch Ray-Ban-Sonnenbrillen, blieb aber sonst ein bescheidener, freundlicher Kerl. »Die hier beispielsweise war gestern bei uns«, sagte er und zeigte auf das *Stardust*-Cover, das am Nebentisch auslag. »Sandra Langhammer, Miss India 1983.«

Robert musste kurz überlegen. Kannte er Sandra? Welche von den beiden Langhammers war sie denn? Schließlich gab es zwei, Sandra und Shonali, und beide sahen sich verdammt ähnlich. Die eine war bereits Miss India, die andere galt als Favoritin für die diesjährige Wahl. Allerdings waren Beauty Queens in Bandra nichts Besonderes, es war wahrscheinlich der Stadtteil mit der höchsten Dichte an Schönheitsköniginnen in der ganzen Welt. Die Langhammers stachen trotzdem heraus, nicht nur weil Sandra und Shonali noch schöner waren als der Rest, sondern auch wegen dieses ungewöhnlichen Namens. Alle anderen in Bandra hießen schließlich Fernandes, Gomes, Gonsalves oder Perreira. Namen, die auf eine portugiesische Abstammung schließen lassen könnten, in Wahrheit aber Resultat lang vergangener Taufaktionen waren.

Die Langhammer-Tanten, etwas größer gewachsen als die anderen indischen Models, hätten beide genauso gut eine, wenn auch exotische, Miss Allgäuer Land werden können. Ihr Vater, Franz Langhammer nämlich, war ein melancholischer Deutscher und in den frühen Sechzigern auf verschlungenen Pfaden nach Indien gekommen. Auf alten Kinderbildern sah man die Tanten mit Topfhaarschnitt und in Lederhosen, sie posierten vor dem schwarzen Mercedes-Benz der Familie, auf dessen senkrechtem Kühler originalgetreu ein großes Hufeisen als Glücksbringer prangte.

Ein wenig von diesem Aberglauben schien Franz Langhammer weitergegeben zu haben, denn in dem Fiat, den sich Sandra mit Shonali teilte, klebte ein heiliger Christopherus, den die beiden vor jeder Fahrt berührten. Sonst kamen die Mädchen allerdings eher nach ihrer Mutter, einer klassische indischen Schönheit mit weit geschwungenen Augenbrauen und einem vollen Mund, die Langhammer in Jakarta auf einer von ihm mit organisierten deutsch-indonesischen Handelsmesse kennengelernt hatte.

Dieser blasse, schmächtige Mann, klein und blond mit Augen, die immer ein wenig traurig blickten, war aus Deutschland geflohen, aus der Enge des Dorfes, aus der Nachkriegszeit. So weit weg wie nur möglich von allem, was Vergangenheit war. Sein Plan war es, als Agent für Industrieprodukte technisches Gerät nach Indonesien zu schaffen und daran so viel zu verdienen, dass er sich irgendwann eine Villa, einen Mercedes, Bedienstete und ein ruhiges Leben leisten konnte. Vor allem nie wieder an den Alpenrand zurückkehren musste, wo seine Mutter ohne seinen Vater saß und davon redete, wie gut die Zeiten früher doch waren. Eine Frau an seiner Seite wäre nicht schlecht, dachte er, müsste aber nicht sein.

Er war kein Jahr in Jakarta, als ihm die Schwüle des Äquators und die Langsamkeit, mit der hier alles erledigt wurde, zu schaffen machte. Für jeden Auftrag musste er jemanden schmieren und trotzdem warten, bis Maschinen vom Zoll freigegeben wurden. Sein wunderbarer Plan, ein einfaches Leben ohne Sorgen zu genießen, ging hier nicht auf. Zurück konnte er so schnell nicht, und verdienen musste er auch etwas. »Wenn ich nur einen Weg fände, ohne Schande aus diesem Loch hier herauszukriechen«, dachte er abends, wenn er auf dem Balkon seines Hotelzimmers saß, nicht gerade im besten Haus am Platze, und einen Whisky trank, weil es kein Bier gab, das ihm schmeckte. Falls er geglaubt hatte, in der Ferne seinen deutschen Schwermut und seine unbayrische

Schweigsamkeit zu verlieren, dann sah er sich getäuscht. Er schien alles verloren zu haben. Die Heimat, die Hoffnung. Was hilft den Menschen in dieser Situation als Einziges? Die Liebe.

Sekretärin Rosa, die ein Angestellter von Tata Industries, einem behäbigen und dennoch profitablen indischen Konglomerat, zur Messe mitgebracht hatte, begeisterte Langhammer sofort. In ihrem schmalen Gesicht strahlten neugierige schwarze Augen mit langen Wimpern. Sie war zwar ein wenig größer als er, und er hätte nicht gedacht, dass ihm so etwas mit einer indischen Frau passieren würde. Trotzdem wirkte Rosa, weil sie schlank war, zierlich. Sie sprach mit sanfter Stimme, wusste aber, was sie wollte. Sie ließ sich auf eine Einladung zu einem Kaffee ein, jedoch nicht zu einem Abendessen. Sie sagte ihm, wo er sie erreichen könne, falls er mal nach Bombay käme, machte ihm dann, als er tatsächlich in der Stadt auftauchte, allerdings keine Hoffnung, sie ohne Begleitung zu treffen. Er kannte sich gar nicht so, dass er Frauen nachstellte, nachreiste, den Wohnort ihretwegen wechselte.

Nach Jakarta wirkte Bombay auf ihn zivilisiert, westlich, fast wie zu Hause, dabei zugleich anders und freier. Oder war er einfach nur blind für die Unfreiheiten an anderen Orten? Bombay jedenfalls machte es ihm leicht, seine melancholische Seite in eine mitfühlende zu verwandeln. Hier zu leben dachte er, behagte ihm zehnmal mehr als die Aussicht, wieder in die Heimat zurückzukehren. Er warf seinen indonesischen Sprachführer auf den Misthaufen, packte seine Sachen und zog in Rosas Nähe nach Bandra. Seiner Mutter schrieb er einen kurzen Brief, wo er nun zu erreichen sei, und fügte hinzu, dass er bald heiraten werde. Bis seine Mutter antwortete und fragte, wer denn seine Braut sei, wohnte Langhammer schon in einem wunderschönen, wenngleich leicht verfallenen zweigeschossigen Haus am Meer, das inmitten eines verwilderten Gartens an der Baptista Road in Bandra stand. Unten lebte der Vermieter, ein knurriger alter Mann, der sich meistens in seiner Wohnung verschanzte. Oben unter dem Holzgiebel, in einer großen Wohnung mit breiten Erkern und einer einladenden, rings um das Gebäude laufenden Veranda, nun die Langhammers. Der Name des Hauses stand in Eisenbuchstaben auf dem Torpfosten der Einfahrt und war aufwendig in die Bleiglasfenster eingearbeitet: »Villa Barbara«.

Langhammer, der selbst nach der Geburt seiner zwei Töchter zurückgezogen lebte, wurde von allen in der Nachbarschaft ganz selbstverständlich für einen Ingenieur gehalten. Vom Betreiber des Restaurants gegenüber. Vom Gemeindepriester, der jeden Tag auf seinem Spaziergang an der Villa Barbara vorbeilief. Von den Dhobis, den Waschmännern, die einmal in der Woche kamen und die dreckigen Laken und Handtücher holten und dafür ein Bündel gebügelter Hemden brachten. Langhammer war nicht nur Deutscher, er kontrollierte auch, typisch deutsch, jeden Samstag die Teile seines Wagens in der Einfahrt auf Korrosion. Eine Arbeit, die kein Inder gemacht hätte, der finanziell in der Lage gewesen wäre, sich einen Mercedes zu leisten. Und weil der kleine blonde Mann in der tropischen Hitze über die Armaturen wischte und Zeiger testete, waren sich alle sicher, dass

Langhammer, der in Indien Maschinenteile verkaufte, sich besonders gut mit Technik auskannte und Ingenieur sein musste.

Der Wagen hatte sogar einige Extras an Bord, beispielsweise einen Kompass und einen Höhenmesser. Wenn Langhammer durch das Hinterland von Maharashtra fuhr, über den Bergrücken der westlichen Ghats, der sich fast die gesamte Küste bis nach Kerala herunterzieht, musste der Beifahrer stets alles in einem Fahrtenbuch dokumentieren. Zurückgelegte Kilometer. Verbrauch. Zeit. Bewältigte Höhenmeter. Je mehr er kontrollierte, desto weniger fürchtete er sich vor dem Leben auf unbekanntem Boden.

Die Kinder aus der Nachbarschaft oder aus der Familie seiner Frau kannten hellhäutige Menschen durchaus. Indien war gerade erst unabhängig geworden, und der Anblick von Europäern erstaunte niemanden. Wenn Langhammer aber auftauchte, verdrückten sie sich in die Gärten, auf die Terrassen, in die oberen Stockwerke. Denn seine schweigsame Art verschüchterte sie. Langhammer hatte derweil seiner Meinung nach erkannt, dass auch Bombay ein Loch sei, das man entweder mit viel Anstrengung kultivierte oder besser aufgäbe, weil die Menschen hier jeden Tag ihre Böden wischten und sich gleichzeitig nichts dabei dachten, ihren Müll auf die Straße zu werfen.

Mit einem Hang zum Pedantischen, also genau der Eigenschaft, vor der er aus Deutschland geflohen war, brachte er zunächst die Villa Barbara in Schuss. Der Garten wurde geharkt, das Unkraut gejätet, kleine Wege wurden von der Straße am Haus vorbei Richtung Meer angelegt, wo nun eine steinerne Sitzgruppe zum Verweilen einlud. Er tapezierte die Wände, legte einen Teppich ins Wohnzimmer und füllte den Haushalt mit allem, was Deutschland zu bieten hatte: Hier standen Isolierkannen auf dem Tisch, und die Kinder, Sandra und Shonali, schlugen sich mit Anker-Bauklötzen die Köpfe ein.

Von einer Reise nach Deutschland kehrte Langhammer mit einem besonderen Geschenk zurück, das er zum Weihnachtsfest für die Kinder aufbaute: einem richtigen Kaufmannsladen aus Holz mit einer rot-weiß gestreiften Markise. In die Kistchen füllte er Apfelimitate. In den Regalen standen kleine Wurstgläser und Persil-Verpackungen – alles aus einem Münchner Spielwarenladen. Die Schublade der Metallkasse klingelte sogar, wenn man sie öffnete. Es war genau der Kaufmannsladen, der viele Kinder glücklich gemacht hätte. Meine Tante, sie war sechs, und ihre vierjährige Schwester standen ungläubig davor, als Langhammer das weiße Tuch wegnahm, unter dem er sein Geschenk versteckt hatte. »Was ist das?«, fragte Sandra interessiert. Shonali kramte schon in den Kisten. »Es ist ein Laden«, sagte Langhammer mit leuchtenden Augen, die er immer bekam, wenn ihn die Heimatromantik übermannte und er sich an seine im Großen und Ganzen heile Kindheit erinnerte. »Hier könnt ihr so tun, als ob ihr Sachen verkauft. Das hier beispielsweise ist Waschpulver«, sagte er. Rosa, mit dem kleinen Georg auf dem Arm, sah zu, wie ihre Töchter hinter die Ladentheke gingen und zu spielen begannen. »Eine Packung Britannia-Kekse bitte«, sagte Shonali. »Oh«, antwortete Sandra »Die Kekse sind aus. Kann ich Ihnen nachher welche liefern lassen?« »Gerne«, antwortete Shonali. »Ich sage der Hausherrin Bescheid, dass sie später kommen. Vielleicht schickt sie mich dann noch einmal zu Ihnen.«

Rosa gefiel das gar nicht. »Warum sollen unsere Kinder so tun, als seien sie Händler und Hausangestellte?«, fragte sie Langhammer später. Die Banias, die Betreiber der vielen kleinen Geschäfte, in denen man Reis oder Seife kaufen konnte, standen weder bei ihr noch bei den anderen Hausfrauen Bandras hoch im Kurs. Man hielt sie nicht für Betrüger, sah aber ein wenig auf sie herab. Rosas Meinung nach konnten die Mädchen mit Puppenhäusern spielen oder mit Bällen, jedoch einen Berufsstand zu imitieren, den sie hoffentlich nie einnehmen würden, schickte sich ihrer Ansicht nach nicht. Jedes Mal, wenn ihre Freundinnen mit ihren Kindern vorbeikamen, musste sie erklären, dass die Deutschen anscheinend nichts dabei fanden, einen Laden zu betreiben, weil daran nichts Ehrenrühriges sei. Und ihr missfiel sehr, dass es offensichtlich allen Kindern riesigen Spaß machte, hinter der Theke zu stehen und so zu tun, als verkaufe man zum Wucherpreis Waschpulver. Sandra hatte – Shonali war dafür noch zu ungeschickt – Zeitungspapier bunt angemalt und zerschnitten, damit es wie Geld aussah. »Was lernen die Kinder als Nächstes?«, fragte Rosa, als es mal wieder zu einem Streit zwischen den beiden so gegensätzlichen Ehepartnern gekommen war. »Wie man Waschfrau wird? Oder bei der Straßenreinigung arbeitet?«

Also brachte Langhammer aus reiner Provokation von seiner nächsten Reise einen kleinen Postschalter mit, den er im gleichen Münchner Spielzeuggeschäft kaufte wie den Kaufmannsladen. Sandra und Shonali freuten sich über die vielen winzigen Stempel und Marken, die sie überall aufkleben konnten. Das gab natürlich Streit, doch es gab sowieso jeden Tag Streit. Langhammer verstand nicht, was seine Frau gegen das Spielzeug hatte, machte sich auch nicht die Mühe, es zu versuchen.

Andere Dinge wurden plötzlich wichtig, als er geschwächt von einer Reise ins indische Hinterland zurückkam. Er hatte sich Malaria eingefangen, starb und wurde fern vom Allgäu begraben. Rosa verfiel in eine Schockstarre, sodass ihre Schwester einzog, um die Dinge bei den Langhammers vorübergehend in die Hand zu nehmen. Später verkaufte Rosa den Mercedes und ersetzte ihn durch ein inländisches Modell, legte das Fahrtenbuch in eine Kiste mit Langhammers Uhr und seinem Pass und rief in ihrer alten Firma an, ob ein Job frei sei. Sie könne nächsten Monat anfangen, sagte man ihr, und von da an umgab die Wohnung im oberen Stockwerk der Villa Barbara eine rege Geschäftigkeit. Die Kinder brachten nach der Schule Freunde mit, die echten Banias lieferten Lebensmittel für die Köchin an, und jeder Tag endete damit, dass Rosa sich, wenn alle im Bett waren und schliefen, auf das Sofa auf der Veranda setzte und auf die belebte Straße schaute.

Irgendwann sagten die Menschen, dass ihre Töchter schön seien, und die Mädchen selbst wollten sich gerne ein paar Rupien verdienen. »Solange ihr weiterhin fleißig in der Schule seid, habe ich nichts dagegen«, fand Rosa, und Sandra machte daraufhin Werbung für Stoffe, Shonali für Shampoo – und als Sandra begann, an Schönheitswettbewerben teilzunehmen, gewann sie zu ihrem Erstaunen alle, selbst den Titel der Miss India. Was aber nicht bedeutete, dass sie nicht weiterhin lernte, in die Kirche ging und wenig auf die Welt der Werbeagenturen gab, die sie buchten. »Ich mache das alles ein oder zwei Jahre«, sagte sie immer, dann wolle sie Journalismus studieren und weitersehen. Und weil sie eben so ein geerdetes Mädchen ohne Marotten war, das seine alten Schulfreundinnen allen anderen vorzog, traute sich Nikis Schwester, sie um den Gefallen zu bitten, ihren Bruder und seine Freunde mit in den Club 2000 zu nehmen, sie selbst würde auch mitkommen. »Klar«, sagte Sandra.

Robert erinnerte sich wieder an Sandra, als er sie sah, und ließ sich weder von dem Glamour, der sie jetzt umgab, beeindrucken oder einschüchtern noch von der herzlichen Umarmung des Türstehers und den Blicken, die Frauen wie Männer ihr zuwarfen. Schließlich kannte er sie schon als das Mädchen mit den kurzen Haaren, dem eigenartigen Haarschnitt und dem schweigsamen Vater, der von weither kam und einen Mercedes fuhr. Ihm fiel außerdem wieder ein, wie sie mit ihrer Mutter und ihrer Tante in der Mount Carmel Church gesessen hatte. Damals war sie ein molliges, fröhliches Kind gewesen, und die Fröhlichkeit war an ihr nach wie vor erkennbar, was Robert mehr mochte als die ganze Schönheit und den ganzen Glanz. Der Club 2000 schien ihm mit der lauten Musik, dem Whisky, den vielen Leuten ein lustiger Ort zu sein, aber das alles war nichts wert, beschloss mein Onkel an diesem Abend, ohne sie. Also setzte er sich das Ziel, noch vor der Ankunft des Monsuns mit Sandra zusammenzukommen. Sein Glück war, dass die Villa Barbara in Bandra lag, Sandra jeden Sonntag in die Kirche ging und er selbstbewusst genug war zu glauben, dass Sandra ihn attraktiv finden könnte.

Drei Wochen später – inzwischen machte sich selbst Ron keine Sorgen mehr, nicht ins 2000 reinzukommen – gingen Robert, Sandra, Shonali und Ron nach dem Clubbesuch in den 24-Stunden-Coffeeshop des Searock-Hotels. »Kennst du das Fort?«, fragte Robert. Die alte portugiesische Festung hinter dem weißen Kasten am Rand der Klippen lag zu der Zeit noch im Dornröschenschlaf. Allerlei undefinierbares Grün überwucherte den Steinhaufen. Kein Mensch interessierte sich mehr für seine Geschichte. »Es ist der gruseligste Ort in ganz Bandra«, übertrieb Robert, denn jeder wusste, dass die Backstube der »Good Luck Bakery« mit den vielen Ratten, die dort hausten und die man sogar sah, wenn man eine Bestellung aufgab, erheblich schauriger war. Danach folgte ganz sicher das Haus von Percy Ezikel, einem schrulligen alten Mann, der nicht mehr aus dem Haus ging, dafür jede Menge Katzen hielt – vierunddreißig waren es bei der letzten Zählung gewesen. Dann gab es noch das Geisterhaus, eine verhexte Bauruine, die sich niemand anzurühren traute, und den verdreckten Fluss, der das gute Bandra von dem schäbigen Teil abtrennte und von dem man annahm, dass auf seinem Grund zwischen ausrangierten Rikschas die ein oder andere Leiche hauste. Nein, das Schlimmste, was einem im

Fort begegnen konnte, meinte Sandra, waren Kobras, und die würden ohnehin verschwinden, wenn sie Menschen hörten.

»Gehen wir ein Stück«, sagte Robert, und sie überließen es Ron, Shonali nach Hause zu bringen. Sie hörten das Schwippschwapp des Meeres, als sie über die Ruine kletterten, und das Krähen der ersten Hähne, und seit dem Moment, als Robert Sandra hier beim Sonnenaufgang küsste, waren sie ein Paar.

Abends gingen sie gemeinsam an der Carter Road spazieren, an den bunten Obstständen vorbei, hinter denen der Himmel sich jeden Abend blutrot färbte. Sie aßen die letzten Mangos der Saison, und danach nahm er sie mit in das Haus am Ende der Straße und stellte sie Nanna und dem Captain vor, die sie sofort liebten und sich freuten, wenn Sandra zu Besuch war. Sie kam morgens, wenn wir beim Frühstück saßen, nach ihrem Morgenspaziergang vorbei, und später am Tag holte sie meinen Onkel ab, der mit ihr auf eine Party ging oder in die Kirche. Selbstverständlich lebte er als Junggeselle und Collegestudent noch in seinem alten Zimmer, genau wie Ron, Niki und alle seine andern Freunde auch.

Die Villa Barbara war inzwischen wieder in ihren alten, leicht verfallenen Zustand zurückgekehrt. Die Tapete schälte sich von den Wänden, die WMF-Isolierkannen verstaubten, keiner fegte die Wege, der Ruß kroch an der Fassade hoch. Die Sitzgruppe im hinteren Garten war verkauft und abtransportiert worden, kleine Stücke fehlten in den bunten Bleiglasfenstern. Sandra lebte dort inzwischen mit ihrer Mutter, ihrer Schwester Shonali, dem kleinen Bruder

Georg, ihrer Großmutter Bibi und einer verrückten dünnen Klosterflüchtigen, die Paula hieß und die Hausangestellte sein sollte – Rosas Schwester war irgendwann wieder ausgezogen.

Paula war bloß ein trauriges kleines Bündel gewesen, als sie vor vielen Jahren bei den Nonnen im Norden Bombays abgegeben wurde. Wie alt sie genau war, vermochte niemand zu sagen, vielleicht zwei, vielleicht drei. Die Glaubensschwestern versuchten vergeblich jemanden zu finden, der dieses Mädchen aufnehmen wollte. Paula lebte im Waisenhaus, und bald wurde klar, dass dies für immer so sein würde. Das Problem war nur: Paula sah nicht ein, dass sie ein Waisenkind sein sollte, und schon gar nicht, dass sie sich den Nonnen gegenüber dankbar oder ergeben zeigte musste, wie die es verlangten. Sie rebellierte, sie rannte davon, sie kam wieder, und irgendwann sagten die Nonnen, dass sie sich bald eine Arbeit suchen müsse.

Also lief Paula erneut davon und landete auf Empfehlung einer Bekannten, die mit dem Kloster zu tun hatte, bei den Langhammers, bezog nun jeden Monat ein Gehalt und lebte mit der Familie im Haus und mit Rosa, die sich inzwischen schlecht bewegen konnte und nachts oft Hilfe brauchte, in einem Zimmer. Man hatte ihr bei der Einstellung gesagt, was von ihr erwartet wurde, nämlich die Einkäufe, das Beaufsichtigen der Putzfrau, Kochen, Botengänge und gelegentliches Fegen. Paula, deren kurzes Haar in kleinen Locken am Kopf klebte und deren massive Zahnfehlstellung ihr Ähnlichkeit mit einem Häschen verlieh, war offensichtlich generell rebellischer Natur und versuchte konsequent, jeden Auftrag zu ignorieren und jede Weisung zu unterlaufen. Wenn sie zum Laden gehen sollte, um Mangoeis zu kaufen, ging sie stattdessen am Meer spazieren und kehrte mit Puffreis wieder. »Der Laden, in dem das Eis verkauft wird, war geschlossen«, behauptete sie dann. Sollte sie einen Tee kochen, machte sie Kaffee, statt Rühr- gab es Spiegelei, und bei jeder Gelegenheit ging sie in die Kirche, was man ihr nicht verbieten konnte. Weil sie im Grunde jedoch seit ihrer Zeit bei den strengen Nonnen alles verabscheute, was mit dem Katholizismus zu tun hatte, kam sie mies gelaunt zurück und suchte mit jedem Streit.

Und obwohl sie in einem Haushalt wie dem der Langhammers mit zwei so schönen Mädchen eigentlich schrecklich unter ihrer Hässlichkeit hätte leiden müssen, wurde sie von Jahr zu Jahr größenwahnsinniger und versuchte mit allen männlichen Besuchern zu flirten. Am heftigsten schlug ihr Herz für Dean Pinto, einen Designer mit dicker Hornbrille und einem glatten Pony, der ihm tief ins zarte Gesicht fiel. Am liebsten lief er in Ali-Baba-Hosen herum, die er mit Don-Johnson-Jacketts kombinierte. Dean kam so oft in die Villa Barbara, dass er bei vielen als der Bruder galt, den Shonali und Sandra zwar hatten, aber einer mehr konnte ja nicht schaden.

Wir freuten uns jedes Mal, wenn Sandra uns abholte und sagte, wir würden zusammen das Geschäft besuchen, wo Dean arbeitete. Sie fuhr uns mit ihrem Premier Padmini, der in Indien nur Fiat genannt wurde, zur Linking Road, eine im Monsun besonders abenteuerliche Fahrt. Das Auto kämpfte sich dann durch den schweren Regen, und Sandra wischte dagegen an. »Diese Dinger sollte man niemals am Wagen lassen«, sagte sie und zeigte uns ihre neuesten Scheibenwischer. »Sie werden sonst sofort gestohlen!« Da sie mitunter sogar an einer roten Ampel abhandenkamen, trug Sandra ihren Wischer am Mann. Wenn sie nichts mehr sah, weil der Regen so prasselte, kurbelte sie das Fenster herunter, streckte den rechten Arm heraus und wischte ein-, zweimal über die Windschutzscheibe. Sie schaffte es sogar, mit der anderen Hand die Gangschaltung am Lenkrad zu betätigen, was uns immer wie ein kleines Wunder vorkam.

Dean saß meistens im Hinterzimmer eines exklusiven Damenmodengeschäfts und entwarf eine Minikollektion, die seine Arbeitgeberin schneidern ließ und ins Schaufenster stellte. Schauspielerinnen, die Frauen von Industriellen und hin und wieder auch die Gefährtinnen von Männern mit zweifelhaftem Ruf kamen vorbei, um sich die teils schrille, stets leicht asymmetrische Kleidung maßanfertigen zu lassen. Viel zu tun hatte Dean nicht, und nach Feierabend legte er sich auf das breite Doppelbett von Shonali und Sandra und fantasierte unter dem Rund des Ventilators über die Zukunft: »Man müsste eine ganze Kollektion in verschiedenen Größen und Farben produzieren«, meinte er. »Wie im Ausland!« Und eine richtige Marke erfinden, anstatt nur von Stofflieferanten wie Bombay Dyeing abhängig zu sein. »Eines Tages«, prophezeite er, »habe ich mein eigenes Geschäft, ich nenne es Furoria, und ihr müsst unbedingt auf allen meinen Modenschauen laufen!« Wenn Dean genug geträumt hatte, rief er Paula zu sich. »Bitte mach mir ein Sandwich mit Gurken und

Mayonnaise«, verlangte er, und es sprach für seine hervorgehobene Stellung in Paulas Herzen, dass er tatsächlich das bekam, was er verlangte. Uns behängte er mit Modeschmuck, schminkte uns gar und brachte uns bei, wie man einen Kleiderentwurf zeichnete. Paula sollte derweil Kekse bringen, und für jedes Tellerchen, das sie anschleppte, bekam sie Komplimente.

Shonali trudelte oft später ein, weil sie anders als Sandra, die sich nach und nach aus der Glamourwelt zurückzog, richtig durchstartete, was Fotoshootings früh am Morgen bedeutete und Modenschauen am Abend. In der Dusche stand ein Shampoo mit ihrem Gesicht, eine Plakatwand auf dem Weg in die Stadt zeigte sie beim Teetrinken, wir lasen Interviews mit ihr im *Stardust*-Magazin, und einmal – wir saßen mit dem Captain im Kino – sahen wir sie in der Werbung vor dem Hauptfilm auf einem niedlichen Pony über die Leinwand reiten. »Das war ein Höllenvieh«, sagte sie über das Tier, das im Clip mit seinem braunen Fell und der hellen Mähne einfach nur niedlich gewirkt hatte. »Erst wollte es nicht los, dann nicht halten«, erzählte Shonali. »Beinahe hätte es mich abgeworfen. So ein Pony macht nur Ärger, bloody hell!« Das waren für uns, die wir langsam ins Teenageralter kamen, erstaunliche Neuigkeiten. Wir waren genau in der Phase eines Mädchenlebens, in denen sich die Sucht nach Klatsch auszuprägen beginnt, das Interesse an Pferden aber noch nicht ganz verloschen ist. »Nein«, sagte Shonali und blies den Rauch ihrer Zigarette aus. »Mit Ponys zu arbeiten macht keinen Spaß. Und jetzt kommt.« Dann nahm sie uns mit in die Stadt, wo sie für eine Modenschau probte.

Das also war die Familie, die wir bald dazubekommen würden. Und Nanna fand, wie gesagt, dass es nicht so eine bescheidene Angelegenheit werden dürfe wie die Hochzeit unserer Mutter. Nicht so ein verhuschtes Fest ohne Gäste. Es mussten alle eingeladen werden, mit denen sie oder der Captain verwandt waren. Stoffe für Kleider wurden hin und her geschickt, Karten entworfen, Einladungen gedruckt und an möglichst viele Leute persönlich übergeben. Wochen vor dem 29. Dezember wurden in allen umliegenden Gemeinden vor dem Gottesdienst die »Wedding banns« verlesen, und draußen stand angeschlagen, dass Robert Fernandes seine Verlobte Sandra Langhammer heiraten würde. Hatte jemand etwas dagegen einzuwenden? Waren die beiden vielleicht schon mit anderen Partnern verheiratet? Waren sie nicht, und es kamen auch sonst von niemandem irgendwelche Einwände. Alle schienen happy, am meisten unsere Großmutter, die ihre zukünftige Schwiegertochter heiß liebte.

»Nicht im Club?«, fragte Nanna. Ihr älterer Sohn hatte dort seine Hochzeit gefeiert, und wenn es nach ihr gegangen wäre, dann hätten Sandra und Robert ebenfalls im Bandra Gymkhana gefeiert. Der Club schied in Bandra seit 1935 jene, die drin waren, von jenen, die es nicht waren. Wobei grob gesprochen nur Katholiken aufgenommen wurden und streng genommen nur jene, die aus Bombay und Umgebung selbst stammten und nicht etwa aus Goa – von denen wollten sich die Großstädter nämlich absetzen. Der Club mit seinen Tennisplätzen, der Badmintonhalle, dem Ballsaal und dem Restaurant lag in der gleichen Straße wie Nannas Wohnung. Zu Weihnachten wurde hier ein Ball gefeiert, und für die Hochzeiten seiner verdienten Mitglieder rückten Trupps mit einem Lkw voller armdicker Bambusstangen und rotem Tuch an, um einen Baldachin zu bauen. Auf dem Boden legten sie Holzbohlen aus, sie spannten Lichterketten und Girlanden aus Blumen, stellten Tische und Stühle auf und errichteten eine Bühne für die Band. Innerhalb eines Tages, und nur für einen Tag, verwandelte sich die Tennisanlage in ein grandioses Festzelt, das nach der Feier so rasch wieder verschwand, dass schon am nächsten Morgen um zehn die ersten Bälle geschlagen werden konnten.

»Warum nicht im Gymkhana?«, versuchte sie folglich Robert ein halbes Jahr lang gut zuzureden. Aber der beharrte darauf, es solle das Searock-Hotel sein, hinter dem die Sonne groß und orangefarben im Ozean versank. Es stand am Ende einer Straße, die sich Band Stand nannte. Sie führte am Ufer entlang und endete nach etwa einem Kilometer an dem verfallenen portugiesischen Fort, an dem die beiden isch zum ersten Mal geküsst hatten. Verliebte saßen hier in den Abendstunden züchtig nebeneinander, ohne sich zu berühren, Familien trugen ihre Babys auf und ab. An einer Stelle stand ein handbetriebenes Miniriesenrad, daneben wurden Snacks verkauft. Ganz hinten, wo der Trubel schon wieder vorbei war, erhob sich auf einer Klippe ein großer weißer Kasten, der aussah, als sei ein Ufo auf dem flachen Dach gelandet. In der fliegenden Untertasse befand sich ein Drehrestaurant, in der Lobby gab es den besagten Coffeeshop, der selbst um drei Uhr morgens heiße Getränke und Sandwichs servierte. Ging man durch dieses Café durch, gelangte man an einen Pool, der groß und blau und von einer roten Steinterrasse umgeben war.

Wir kamen oft zum Schwimmen hierher, wenn wir allen Verwandten bereits tagelang auf die Nerven gegangen waren und sie uns alle für ein paar Stunden loswerden wollten. Meistens lernten wir dann Lufthansa-Stewardessen kennen, die in diesem Luxushotel untergebracht waren, um die Tage zwischen den Flügen zu überbrücken. Die Stewardessen lagen in der Sonne auf ihren Liegen, und obwohl sie es gut hatten, gar nichts anderes tun mussten, als sich ab und an mit ein wenig Sonnenöl einzuschmieren, litten sie gewaltig unter der Zumutung, in Bombay geparkt zu sein anstatt in einer sauberen Stadt mit gepflegten Einkaufsmöglichkeiten.

Die Stewardessen fanden es nämlich in Bombay zu unserem Erstaunen gar nicht so schön wie wir und wünschten sich nichts weiter, als bald eine andere Strecke zugeteilt zu bekommen. »Dieser Flug ist nicht zu ertragen«, jammerten sie. »Für niemanden!« Den Leuten am Check-in würden an den Tagen, wenn eine Maschine nach Indien ging, die Knie schlottern. Erst stünde niemand ordentlich an, dann gäbe es ewige Diskussionen, weil alle mit großen, schweren Koffern reisten, Übergepäck schleppten, aber nicht bezahlen wollten. »Das führt zu ewigen Diskussionen«, sagten die Stewardessen. Am Gate würden außerdem alle sofort beim ersten Aufruf in Richtung Flugzeug stürmen, und niemand ließe irgendjemanden vor, selbst wenn der andere zuerst da war und vor einem in der Reihe stand. »So etwas ficht den Inder gar nicht an«, sagten sie. »Der versucht es trotzdem, und das

Bodenpersonal muss dann den ganzen Streit schlichten.«

Wenn die Leute beim Check-in und beim Boarding schon genervt seien, wie sollte es ihnen, die schließlich stundenlang mit diesen Leuten im Flugzeug gefangen seien, dort erst ergehen? »Die stürzen in unsere Kabine, und der Erste, der groß genug ist, stopft alles ins Gepäckfach über sich. Die zahlen nämlich kein Übergepäck«, moserten sie. »Die nehmen alles raus und packen es in Tüten, die wir dann verstauen müssen.« Die sieben oder acht Stunden von Frankfurt nach Bombay seien jedenfalls ein Albtraum. »Stellt euch das nur vor«, sagten die Stewardessen, als ob wir diese Szenen nicht kennen würden oder nie in einem Flugzeug auf dieser Strecke gesessen hätten.

Nun war der Poolbereich jedoch nicht allein der Erholung gestresster Flugbegleiterinnen dienlich, sondern konnte auch für Hochzeiten gemietet werden. Nach anfänglicher Ablehnung sah selbst Nanna ein, dass man hier ein großes Fest feiern konnte, wenn man es wirklich gut plante. Neben dem Eingang das Buffet, bei den Klippen die Bar, daneben eine Bühne für die Band. Die dreigeschossige Hochzeitstorte würde in der Mitte der Tanzfläche angeschnitten und sofort verpackt, denn dieser schwere Früchtekuchen durfte nicht gegessen werden, sondern wurde traditionsgemäß als Geschenk an die geschickt, die nicht dabei sein konnten. Sandra und Robert kümmerten sich um das Buffet, und der Captain trieb Alkohol für die Feier auf.

Die Braut trug einen Traum in glänzendem Weiß,

der Captain steckte dem Bräutigam schnell eine Rose ins Knopfloch, bevor es im weißen Ambassador in die Mount Carmel Church ging. Den Eröffnungswalzer tanzten Sandra und Robert zu einem Song von den Carpenters, und die Musik kam von den Jolly Rocking Chaps, die alles coverten, was Sandra ihnen vorher auf einen Zettel geschrieben hatte. Es gab Krabbencurry und Vindaloo, Papaya Pickle und kalte Rinderzunge, außerdem Fugias, also die kleinen Teigballen aus Kokosnussmehl, die wir so gerne aßen.

Trotzdem saßen wir, als sich die beiden das Jawort gaben, nicht in der Kirche in Bombay. »Wann heiraten sie genau?«, fragten wir alle paar Minuten. »Später«, »Gleich« und dann »Jetzt« antworteten unsere Eltern.

Vielleicht wäre der Affront weniger groß gewesen, wären wir betrübt zu Hause in Krefeld geblieben. Aber nein, während der größte Teil der Familie von Westen nach Osten reiste, flogen wir so weit gen Westen, wie es nur ging. »Die Maschine am Montag ist um achtzig Plätze überbucht«, sagte mein Vater ein paar Tage vorher. »Die nächste ebenfalls, und von der übernächsten brauchen wir gar nicht zu sprechen.« Uns Kindern war klar, was das bedeutete: Mit einem Standbyticket würde es für vier Personen nahezu unmöglich werden, rechtzeitig zur Hochzeit in Bombay anzukommen. Es war nämlich so, dass meine Eltern gerne und viel reisten, niemals jedoch auch nur in Betracht zogen, normale Flugscheine zu kaufen. Die Angestelltentickets waren unser großes Privileg, das wir entweder nutzten, oder wir flogen gar nicht. Damals waren die Reservierungssysteme der Airlines allerdings noch nicht so entwickelt, dass das Angebot tatsächlich der Nachfrage entsprach, was bedeutete, dass wir trotz grottenschlechter Prognosen meistens einen Platz bekamen. Nur Ende des Jahres 1988 nicht.

Inder heiraten nämlich im Dezember, falls der Astrologe es zulässt, und folglich reisten gerade alle, die irgendwie dazugehörten, nach Indien – die Maschinen hingegen, die nach England, an die US-Ostküste und nach Kalifornien flogen, boten reichlich Platz. Das hatten auch meine Eltern herausgefunden, und so saßen wir ein paar Tage später nicht am Pool des Searock-Hotels in Bombay, sondern in einem alten Haus in San Francisco.

»Alle waren da«, wiederholte meine Großmutter unnachgiebig bei unserem nächsten Besuch. »Alle.« Alle Londoner, selbst Tante Pippa, die zum ersten Mal wieder in Bombay war, seitdem sie in den Sechzigern in England von Bord eines Schiffes gegangen war. Der Cousin dritten Grades aus Australien, sogar der zweitjüngere Bruder des Captain sei mit seiner Frau und seiner Tochter angereist, und das wolle schon etwas heißen. Schließlich lebten die drei auf Nauru, einer kleinen Insel nahe Fidschi, die alle in der Familie nur »Bird Shit Island« nannten, weil die einzige Industrie des kleinen Staates daraus bestand, Vogeldreck als Dünger zu verkaufen. Wenn also jemand von einem entlegenen Archipel anreisen könne, von einer Insel, die so klein sei, dass die gesamte Post an eine Adresse nach Melbourne geschickt werden müsse, diesem letzten Posten der Zivilisation, dann solle das von Krefeld aus doch ebenfalls möglich sein.

Stattdessen saßen wir, als der Captain einen Toast auf das Brautpaar aussprach, in einem Hotel in Kalifornien, das bessere Tage gesehen hatte, und an dessen Pool, so es denn einen gehabt hätte, keiner eine Hochzeit feiern würde. »Kriegen wir Kuchen?«, fragten wir unsere Mutter, obwohl wir nicht besonders scharf darauf waren. »Nein«, murrte sie. Dass wir trotzdem genau wussten, wer wann in der Kirche das Taschentuch gezückt und dass Nanna die ganze Zeit nervös durch die leicht verdunkelten Gläser ihrer Brille geschaut hatte, lag daran, dass wir in Demut und voller Scham das Werk des Hochzeitsfilmers anschauen mussten.

Zunächst nur, weil Nanna es wollte, aber später setzten wir uns bei jedem Besuch freiwillig vor den Fernseher und bettelten darum, das Video sehen zu dürfen. Das wurde zu einer richtigen Sucht. Wir konnten einfach nicht genug bekommen von der Stelle, wo die Hochzeitsband am dunklen Abend »I can't live without you« zu spielen begann und das Brautpaar einen Hochzeitstanz zeigen sollte. Es hatte so etwas von Sissi-Romantik, vor allem das weiße Kleid und die große Krinoline. Meine Tante sah schön aus, sagten wir immer wieder, wenn wir den Film schauten. »Schade, dass wir nicht da waren«, fügten wir dann hinzu, wenn unsere Eltern in der Nähe waren und wir noch eine Rechnung mit ihnen offen hatten. Sie gingen dann meistens sehr schnell aus dem Zimmer und meckerten nicht mehr darüber, dass wir während des Tages vor dem Fernseher saßen und Chips aßen.

Durch den Film fühlten wir uns immerhin ein wenig so, als seien wir irgendwie dabei gewesen trotz unserer kalifornischen Stippvisite. »Wie schön wäre es«, sagten wir unseren Eltern gerne und regelmäßig, »wenn wir auch mal zu einer Hochzeit gehen dürften.« Einer richtig großen, einer indischen eben.

Wir mussten nur aufpassen, unser Gejammer nicht auf die Spitze zu treiben, denn sonst wurde Nanna schmallippig, und in den sieben Jahren bis zu ihrem Tod fand meine Großmutter bei unseren regelmäßigen Besuchen immer wieder verschlungene Wege, uns hier und dort auf unser Fehlen hinzuweisen. Seitdem jedoch wird das Thema zur Erleichterung aller totgeschwiegen. Wir tun einfach so, als ob wir dabei gewesen und bloß im Gewusel der vielen Hundert Gäste untergegangen wären. Wenn dennoch unglücklicherweise die Sprache auf 1988 kommt, dann fügt einer hinzu, dass es das Jahr war, in dem die Flüge besonders voll waren.

Oma muss mit

Jede indische Mutter wird in schöner Regelmäßigkeit von dem Bedürfnis übermannt, mindestens zwei, meistens mehrere Wochen lang bei ihrer Tochter, dem Sohn, dem Schwiegersohn oder der, und das sind die bemitleidenswertesten unter den Betroffenen, Schwiegertochter einzufallen, um dort nach dem Rechten zu sehen.

Eine indische Mutter würde diesen Besuch jedoch niemals als individuelles Bedürfnis bezeichnen, sondern als allgemeingültige Notwendigkeit, die von allen Beteiligten als solche geduldet, gar begrüßt werden muss. Wer, wenn nicht sie, soll denn kontrollieren, ob die Enkel genug zu essen bekommen und fleißig in der Schule sind? Eine indische Mutter wärmt ihre Seele an dem Gedanken, dass dieses Einmarschieren in fremde Haushalte für die Schar der Überfallenen eine Erleichterung darstelle, zu der sie verpflichtet sei. Sie scheut also keinen Aufwand, ob sie nun von weither anreist oder von nah, und rückt mit Koffern und der Erwartung an, dass vom Zeitpunkt ihrer Ankunft an niemand mehr etwas zu sagen hat außer ihr selbst. Sie behauptet dann stets – was allerdings Mütter aller Nationen tun –, keine Mühe machen zu wollen, keine Umstände und dass alles so laufen solle wie immer. Dennoch weiß sie mit den Nuancen zu spielen, die von »gerne«, »fine«, »okay« bis zu der Behauptung reichen: »Da wäre ich nun nicht von selbst draufgekommen, doch wenn ihr das immer so macht, dann füge ich mich dem.« Und am Ende läuft alles so, wie sie es möchte. Im Idealfall.

Nicht dass sie den Haushalt und irgendwelche Tätigkeiten übernähme. Sie bestimmt einfach, was wann und auf welche Art zu geschehen hat. Man kann darunter leiden, muss man aber nicht. Ein erfahrener Schwiegersohn in unserer Familie hat gelernt, dass es das Beste ist, in dieser Zeit einfach zu akzeptieren, dass er vergöttert wird und sich dennoch nichts darauf einbilden und die Füße tunlichst sehr still halten sollte. Falls er nämlich aufmuckt, führt das leicht zu Ärger mit seiner Frau, die, obwohl es ihr angeblich auf die Nerven geht, dass die Mutter alle Fächer in den Schränken umsortiert und dauernd neue, praktische Küchenutensilien kauft, ganz froh ist, einmal nicht für alles verantwortlich zu sein.

Selbstverständlich kamen auch Nanna und der Captain mindestens einmal im Jahr zu uns. Wir Kinder wären gerne mit zum Flughafen nach Düsseldorf gefahren, um sie abzuholen, aber wir wussten, dass das nicht ging. Auf der Rückbank unseres geräumigen Familienautos fand neben meiner Großmutter höchstens noch eine Stange Zigaretten für meinen Vater und eine Flasche Whisky für die Allgemeinheit aus dem Duty-Free-Shop Platz. »Zum Glück hat der Mercedes einen Heckantrieb«, stöhnte mein Vater, wenn er mit seinem gelben 200er Diesel in die Sackgasse einbog, in der unser Reihenhaus stand. Die Sitze hinten und der Kofferraum waren nämlich so schwer beladen, dass die Scheinwerfer in den Himmel strahlten.

Natürlich reisten meine Großeltern nicht nur für eine Woche an, sondern mindestens für vier – ansonsten allerdings schienen sie der Überzeugung zu sein, dass sie in ein Land kamen, wo es zwar vierundzwanzig Stunden am Tag Strom sowie alle entsprechenden Elektrogeräte geben mochte, aber in dem dennoch eine besondere Knappheit an allem herrschte, was das Leben pikanter machte. Mein Vater konnte die sarggroßen schwarzen Koffer gerade bis ins Wohnzimmer tragen, bevor er unter der Last auf der Couch zusammenbrach. Mit nur einem Gepäckstück anzureisen, fand Nanna, wäre fahrlässig gewesen. Wo hätte sie sonst das ganze Zeug unterbringen können, das sie mit zurücknehmen musste? Meine Großmutter transportierte nämlich mehr Dinge hin und her als ein kleiner Import-Export-Händler.

Als Erstes wurden meine Schwester und ich in Augenschein genommen und gedrückt, und dann schauten wir zu, wie meine Großmutter die Koffer öffnete, aus denen der Geruch von Mottenpulver und Masala herauswaberte. In unzählige dünne Plastiktüten verpackt, lagen da Gläser mit Prawn Pickle, Tomato Pickle, dem Sorpotel, ein scharfer, fettiger Fleischeintopf, den die Nachbarin für uns gekocht und verpackt hatte und dessen Öl jedes Mal kurz davorstand, aus den Tüten herauszusuppen. Die Bombay Duck, die keine Ente ist, sondern ein erbärmlich stinkender Fisch, brachte Nanna in getrockneter Form mit, um daraus ein mildes Curry zu kochen. Das selbst gemachte Mango Chutney, das grüne Chutney aus

Koriander und Minze, all das kam nach und nach aus dem Koffer und verzückte meine Mutter, uns jedoch gar nicht. Wir wurden erst bei den Geräten neugierig, dem Limettenentsafter, der Chapatipresse.

Als wir älter waren, tauchten aus dem Koffer Jahresvorräte an müffeligem Blutreinigungssaft auf, von dem Nanna behauptete, er würde gegen unsere Pickel helfen. Und immer waren auch zwei passende Kleider dabei, die meine Großmutter in Bombay für uns genäht hatte. »Die könnt ihr am Sonntag in der Kirche anziehen«, befahl sie dann. Der Priester unserer Gemeinde in Krefeld war jedes Mal furchtbar aufgeregt, wenn sich meine Großmutter ankündigte, denn zu ihrer Mission gehörte es, alle Familienmitglieder jede Woche zur Messe zu treiben.

Der gleiche Priester, der in der Vorweihnachtszeit so herzzerreißend um Spenden für hungernde Kinder in Indien bitten konnte und leicht säuerlich meinte, die Armen würden von der Elite ihres Landes im Stich gelassen, rollte für Nanna den roten Teppich aus.

Bis auf ihren uns fremden Drang, ständig in die Kirche zu laufen, verhielt Nanna sich uns gegenüber unauffällig, hütete uns, während unsere Eltern auf Wochenendtrips fuhren. Sie buk Bananenpfannkuchen und mischte uns aus Milch, Joghurt und Zucker eine typisch indische Lassi zum Frühstück. Bei Wind und Wetter ging sie aus dem Haus. Wenn es regnerisch war, nahm sie einen Schirm, war es kalt, band sie sich einen Schal um. Einmal zog sie sogar unseren Schlitten durch ein Schneegestöber und überwachte den Bau eines Schneemanns, als hätte sie niemals etwas anderes getan. Ihre Anpassungsfähigkeit an das Leben in Krefeld machte meine Eltern leichtsinnig. Sie glaubten, so etwas funktioniere auch mit einer deutschen Großmutter in Indien und wagten ein Experiment.

Nicht lange nach der großen Hochzeit meines Onkels saßen sie gemütlich auf der ledernen Polstergarnitur meiner Großeltern in Hüls, und wahrscheinlich stand ein Blech mit selbst gebackenem Apfelstreuselkuchen auf dem gekachelten, hochfahrbaren Couchtisch. Draußen muss es, kurz vor dem Winter, kalt und dämmrig gewesen sein, während wir uns drinnen auf den nächsten Besuch in Bombay freuten. »Ach«, seufzte meine Großmutter, die aussah wie eine dieser Frauen, deren Bilder auf Scherzpostkarten für Geburtstagsfeiern mit dem Slogan: »Heute lasse ich es richtig krachen!«, ausgeschlachtet werden. Sie war klein, aber nicht zart. Die sogenannte Fresswelle, die Deutschland in den Fünfzigern überrollte, hatte auch sie geformt. Um ihren Bauch spannte sich der beigefarbene Pullover, der Po wurde von einer Miederhose im Zaum gehalten. Ihr Haar trug sie selbstverständlich in einer kurzen Dauerwelle. »Ach«, seufzte sie also, »ich würde so gerne mal mit nach Indien.« Es schwang dabei eine ganze Menge »Aber mich fragt ja keiner« mit, eine Art beleidigte Traurigkeit. Sie war eine glühende Sozialdemokratin, und als solche, wie alle glühenden Sozialdemokraten zu fast allen Zeiten, schwer enttäuscht von der Partei, ihrem Personal und oft eben auch von der eigenen Familie.

Meine Eltern müssen von diesem Wunsch zutiefst

erstaunt gewesen sein, denn meine Oma war nicht unbedingt die Art von Rentnerin, die sich in der Welt zu Hause fühlte. Sie misstraute schon den Düsseldorfern, weil die auf der falschen Rheinseite wohnten, nämlich auf der rechten. »Da sind die Leute alle komisch«, behauptete sie und meinte, bloß linksrheinisch würde anständig gesprochen und gelebt, wobei »anständig« bedeutete, genau wie sie zu sein. Ehrlich, sparsam und gerecht. Und weil sie so gerecht war, bedachte sie nicht nur die östliche geografische Richtung mit Misstrauen, sondern auch die westliche. »Die Holländer mögen uns nicht«, behauptete sie, die würden einem entweder extradicht aufs Auto drauf oder so langsam fahren, dass man gezwungen sei, sie zu überholen, und beides hielt sie für eine Unverschämtheit. Das hinderte sie jedoch nicht daran, regelmäßig im nahen niederländischen Grenzstädtchen Venlo bei einem Laden, der »Die zwei Brüder« hieß, Kaffee zu kaufen, weil der dort billiger als in Deutschland war. Die Leute in ihrem Neubaugebiet am Stadtrand von Hüls kamen ihr komisch vor, desgleichen alle Bewohner Krefelds, die nicht aus Hüls stammten.

Meine Großmutter hatte also eine recht ausgeprägte und zudem ausgedehnte Vorstellung davon, was fremd war oder anders. Das lockte sie nicht, sondern ängstigte sie. Oma kletterte in den Sechzigern weder auf die Pyramiden, noch buchte sie eine Kreuzfahrt nach Madeira. Sie fuhr lieber an die Costa del Sol in ihre proper tapezierte Ferienwohnung, was zu jener Zeit schon als exotisch gelten konnte. Sie nahm aber auf diese Reise stets einen Sack »Sieglinde«-Kartoffeln mit, denn die spanischen Sorten fand sie ungenießbar.

Kein Wunder, dass sie mit ihren Kriegstraumata und Hungergeschichten das genaue Gegenteil von Nanna verkörperte, der es im Leben immer hervorragend ergangen war, die keinen Mangel und keine Existenzangst kannte. Die sich im Gegensatz zu Oma mit Vergnügen an das Ende der Vierzigerjahre erinnerte, denn schließlich war ihr Land zu der Zeit unabhängig geworden. Das Einzige, was sie daran betrübte, war die Teilung des Britischen Raj in die Staaten Indien und Pakistan. Oma hingegen konnte mit der Teilung Deutschlands besser leben als später mit der Wiedervereinigung.

Trotz ihrer unterschiedlichen Prägung verstanden die beiden Frauen sich auf eine mysteriöse Art und Weise prächtig. Sie unternahmen mit den Opas gemeinsame Ausflüge in die Eifel, saßen vergnügt zusammen auf der Terrasse und betrachteten die Pflanzen im Garten. Sie gingen miteinander in die Stadt, doch alles immer in Deutschland. Und diese Oma, die nur das wenige Englisch sprach, das meine Mutter ihr im Laufe der Jahre beigebracht hatte, äußerte nun tatsächlich den Wunsch, in ein Land zu reisen, in dem die Menschen auf der Straße lebten und wo es keine sichtbaren Verkehrsregeln gab. Außer der vielleicht, beim Autofahren so viel wie möglich zu hupen, damit die anderen merkten, dass man da war.

Man konnte dieser Frau allerdings schwer einen Wunsch abschlagen, weil sie leicht anfing zu weinen – sie sei eben nah am Wasser gebaut, entschuldigte sie sich. Was sie nicht daran hinderte, diese Neigung, anstatt sie zu unterdrücken, immer wieder aufs Neue unter Beweis zu stellen. War sie erst einmal niedergeschlagen und traurig, fing sie an, vor allem uns Enkeln ihre alten Geschichten zu erzählen: dass sie ausgebombt wurde und das Leben sehr hart gewesen sei, vor allem weil ihr erster Mann im Krieg geblieben war. Wir verstanden dann, dass wir ihr nicht böse sein durften, ihr etwas schuldeten, und irgendwie zog diese Nummer immer, sodass meine Großmutter jedes Mal bekam, was sie wollte. Nun also eine Indienreise.

Mein Opa, den meine Großmutter erst nach dem Krieg heiratete, hätte mit seiner zurückhaltenden Art viel besser in die Fremde gepasst – vielleicht weil er im Grunde selbst am Niederrhein ein Fremder war, denn seine Heimat lag irgendwo zwischen Warschau und Danzig. Er aber beschloss, lieber zu Hause zu bleiben, und fuhr meine Großmutter schon am nächsten Tag zur indischen Botschaft in der Bundeshauptstadt Bonn, wo sie ein Visum beantragte. Mein Vater organisierte derweil ein Ticket, und so kam es, dass Oma im Dezember 1986 bei der zoroastrischen Nachbarin von Nanna einquartiert wurde.

Tante Sonu wohnte auf dem gleichen Grundstück, etwas nach hinten versetzt, in einem flachen Bungalow, der im gleichen Stil gebaut war wie das zweistöckige Vorderhaus und eine Veranda hatte, die von Nannas Esszimmer aus gut zu sehen war. An Sonus Nase, die lang und schmal in die Welt hinein stach, klebte eine fette Warze. Ihre Augen waren nicht dunkel wie die der meisten anderen indischen Frauen, sondern hellgrau. Dafür hatte sie dicke, schwarze, schrumpelige Augenringe. Die grauen Haare drehte sie zu einem Dutt, der oben auf ihrem Kopf saß, und da sie ihren dürren Körper nicht mehr ohne Hilfe bewegen konnte, lief sie an einem hölzernen Gehstock. Alles in allem sah Sonu wie eine Bilderbuchhexe aus, so schauerlich, dass Ron, der Freund von meinem Onkel Robert, als Junge manchmal sogar weinte, wenn er sie sah. Die Kinder spielten damals zwischen den großen Terrakottatöpfen im Hof, und Sonu kam von ihrer Terrasse gehumpelt und wollte ihnen Kulfi, indisches Eis, oder Gulab Jamuns bringen, kleine Teigballen, die in Zuckersirup getränkt wurden. »Komm Ron, es gibt Süßes«, musste Robert ihn dann mehrmals rufen, bevor er sich zu Sonu traute.

Meine Oma scheint ebenfalls etwas Angst vor Sonu gehabt zu haben, denn schon früh am ersten Morgen stand sie im Bademantel aus hellrosa Polyester in der Wohnung von Nanna und dem Captain. »Sie niest seit fünf Uhr«, flüsterte sie meiner Mutter zu. »So laut, dass ich davon aufgewacht bin. Habt ihr es nicht gehört?« Zwar gab es in der ganzen Nachbarschaft keinen, der Sonus Nießen noch nicht gehört hatte, aber für die Menschen in der Straße war es so vertraut wie der Radau der Krähen frühmorgens und das Quaken der Frösche während der Monsunzeit. Sonu nießte jeden Tag mehrmals laut, manchmal riefen ihre Nachbarn dann »Gesundheit« aus den stets offen stehenden Fenstern mit den schnörkeligen Eisengittern, die Eindringlinge abhalten sollten: Affen ebenso wie Einbrecher.

»Sonu ist gegen Curry allergisch«, beruhigte meine Mutter ihre aufgeregte Schwiegermutter. »Da ist nichts dabei. Genau genommen wissen wir nicht, ob es wirklich Curry ist, aber da sie nichts anderes isst als jeden Tag Curry, muss es das sein.« Meine Oma solle sich erst einmal hinsetzen, einen Kaffee trinken und frühstücken.

Sie setzte sich und wunderte sich gleich über den nächsten Lärm. Es klang wie Geschimpfe und nach Nannas Stimme, doch das konnte ja nicht sein … Schließlich kannte sie die andere Großmutter nur als liebe, sanfte Person, die Englisch sprach. Aus dem Schlafzimmer jedoch drang ein schneidendes Keifen, dann eines, das anders, wenngleich nicht weniger erregt klang. Zwei Frauen, zwei Stimmlagen. Meine Mutter hörte gleichmütig zu, ebenso der Captain, der auf der Veranda saß und die *Times of India* las. »Um Himmels willen, was ist da los?«, rief Oma. »Müssen wir deiner Mutter nicht helfen?« Aber nein, niemand musste Nanna helfen. Sie trug nur das tägliche Gefecht mit der Waschfrau aus, die auch für das Staubwischen verantwortlich war. Jeden Morgen kam sie um acht Uhr, um Gläser zu spülen, Pflanzen zu gießen und die Wäsche zu machen, denn Nanna und der Captain hatten, wie viele andere indische Familien, keine Waschmaschine. Danach sollte abgestaubt werden, doch die Waschfrau tat, was sie wollte, half erst dem Hausmädchen beim Bohnenschälen oder Erbsenpulen. Ging danach zu den anderen Waschfrauen in den Hof, und kam irgendwann hoch. Nanna schrie sie dann an, weil sie nicht die Arbeit erledigte, für die sie angestellt war. Die Waschfrau schrie zurück, sie wüsste schon, was sie täte. Es war der Kampf zweier Frauen, die einander bei diesem Streit ebenbürtig waren und es genossen, wenigstens einmal am Tag jemanden nach Herzenslust anschreien zu können.

Meine Großmutter hingegen war entsetzt. Sie kannte Nanna nur als freundlich und hilfsbereit, hatte niemals auch nur ein scharfes Wort von ihr gehört. Und wie konnte man so mit Angestellten umgehen? Vor allem mit einer so winzigen und dünnen Person wie der Waschfrau, die gerade barfuß aus dem Schlafzimmer spaziert kam.

Das sei doch keine Art, beklagte sich meine Oma, bevor sie das Thema wechselte. Außerdem sei da noch eine Sache: Sie habe bei Sonu die Dusche gesucht. Eine Toilette gebe es ja in diesem geräumigen Badezimmer, aber anstatt eines Duschkopfs und einer Wanne seien da nur ein Abfluss im Boden und eine große Tonne mit kaltem Wasser. In Deutschland nehme sie einmal in der Woche ein Bad, an den anderen Tagen würde der Waschlappen reichen. Hier allerdings sei es so heiß und sie von der Nacht so verschwitzt, dass sie gerne duschen möchte. Man solle ihr also bitte sagen, wo. Ganz einfach, erklärten wir ihr. Sie musste nur heißes Wasser aus dem Hahn in einen zweiten Eimer füllen und es mit dem kalten Wasser aus der großen Tonne mischen – die stand immer dort, weil es nicht zu jeder Zeit Wasser gab –, dann eine Plastiktasse nehmen, die irgendwo hing, und sich damit übergießen. »Es ist toll, Oma«, sagte ich. »Du kannst duschen und gleichzeitig im Badezimmer umherspazieren! Zu Hause gibt das nur Ärger.« Meine Großmutter machte ein komisches Gesicht, erschien jedoch eine Stunde später recht zufrieden wieder bei Nanna.

Am nächsten Tag wollte sie etwas unternehmen. In der Wohnung würde man nur wahnsinnig, weil es dauernd an der Tür klingele und alle möglichen

Leute auf einen Kaffee hereinschneiten, die man gar nicht eingeladen habe und die ihr Kommen nicht angekündigt hätten. Es leuchtete ihr zwar ein, dass Nanna nicht das beste Geschirr für die Zufallsgäste rausholte und auch kein Kuchen vorrätig war, aber was sie hier sah, erschien ihr dennoch recht schäbig.

»Wir haben etwas, das nennt sich Sammeltasse«, hatte Oma einmal in Krefeld Nanna das Konzept ihres gedeckten Tisches zu erklären versucht. Als die sich darüber wunderte, dass alles so feierlich hergerichtet war, die Tassen jedoch nicht zueinanderpassten. Die jungen Leute, so Oma, interessierten sich zwar nicht mehr dafür – sie hingegen habe dieses Porzellan von ihrer Mutter geerbt und sei sehr stolz darauf. Je mehr Formen und Motive, desto besser. »You mix. No match. No problem«, sagte sie damals in ihrem rudimentären Englisch. Als sie nun das Melanim-Geschirr auf Nannas Tisch sah und bemerkte, dass es leicht in der Hand lag und das gelbe Blumenmuster zudem schon verblasste, da breitete sich in ihr ein wohliges Gefühl der Überlegenheit aus. Keines, das gegen Nanna selbst gerichtet war. Nur eines, das ihr bestätigte, dass man kein Haus mit Angestellten brauchte, um ein anständiges Leben zu führen, sondern vor allem Markenporzellan.

»Fahren wir ein wenig herum«, schlug meine Mutter vor. »Vielleicht sogar mit einem dieser kleinen Mobile?« Meine Oma hatte auf Bildern und auf dem Weg vom Flughafen zu Nanna, obwohl es mitten in der Nacht war, lauter umgebaute Dreiräder mit Dach gesehen. Kleine, schnelle Wagen, schwarz mit gelbem Streifen. »Eine Rikscha«, schrien wir Kinder begeistert. Mit unserer kräftigen deutschen Oma in Indien mit einer Rikscha herumzufahren stellten wir uns sehr lustig vor. Der Wind würde uns um die Nase wehen, und sofern der Fahrer entsprechend ausgerüstet war, könnten wir dabei noch Musik hören. Nanna hielt nicht viel von diesen Minitaxis und behauptete, sie seien viel zu gefährlich, und den Fahrern dürfe man sowieso nicht trauen. Sie bestand normalerweise darauf, vom Captain gefahren zu werden. Oma aber konnte sie den Wunsch schlecht abschlagen, also fuhren wir mit ihr und meiner Mutter zur Linking Road, wo Stände für Schuhe und Kleidung die Straßen säumten und wo die Boutique von Dean, dem Freund unserer Tante Sandra, einen beliebten Rückzugsort bot.

Neben seinem Laden hatte neuerdings ein Buchgeschäft eröffnet, in dem wir nach Kinderbüchern schauen wollten. Oma wanderte durch die vollgestopften Gänge, zwischen Reiseführern und Geschichtsbüchern hindurch, und beschwerte sich über die Unordnung in den Regalen. Alle Bücher lagen übereinander, anstatt Rücken an Rücken zu stehen. Mal konnte sie die Schrift lesen, mal stand sie Kopf. »Ein Saustall«, meinte Oma, die in Krefeld nicht gerade häufig in eine Buchhandlung ging und deren Lektüre aus Romanen des Bertelsmann Leserings, die per Post kamen, oder der *Neuen Revue* bestand. Sie schaute einmal nach links, einmal nach rechts und stellte plötzlich fest, dass sie genau vor einem Buch stand, von dem sie hoffte, es niemals wiedersehen zu müssen. Hitlers *Mein Kampf*. »Was ist das denn?«, schimpfte sie. »Hitler! Hier?« Ihr Gesicht war rot angelaufen, und mit ihrem Finger zeigte sie auf das

Buch, stapfte dann entsetzt aus dem Geschäft. Sofort bildete sich eine Traube von Kindern um diese hellhäutige, dicke Oma, die inmitten des indischen Großstadttrubels wie eine fette Wolke aussah, die vom Himmel gefallen war. Sie streckten ihre kleinen Hände aus, und die Wolke fing an, ihre Gaben in Form von Rupien auszuschütten.

»Hör sofort damit auf«, warnte meine Mutter, die aus dem Laden gekommen war, um nach dem Rechten zu sehen. »Du wirst sie sonst niemals los!« Tatsächlich drängten sich die kleinen, zweifellos armen Kinder dichter und dichter an sie heran. »Ich weiß schließlich noch, wie schwer es ist, wenn man arm ist«, sagte Oma. »Nach dem Krieg, wir waren ausgebombt, hatten wir nichts mehr. Gar nichts.«

»Trotzdem«, befahl meine Mutter und sagte auf Marathi zu den kleinen Bettlern, sie sollten verschwinden. Aber die Kinder, zum Teil jünger als wir, dachten nicht daran, sich vertreiben zu lassen. Oma sagte jetzt zwar »No, no«, doch in ihren Augen konnte man lesen »Yes, yes, ihr tut mir alle so leid«. Also hielt meine Mutter die nächste Rikscha an und packte uns hinein. »Die Linking Road ist für heute verbrannte Erde«, sagte sie. »Wir versuchen es an einem anderen Tag.«

Erst mal kam ein Sonntag, und statt zum Einkaufen ging es mit Oma in die Kirche. Nanna hatte uns schick gemacht und von oben bis unten mit einem dicken Quast Johnson's Babypuder auf unsere Körper verteilt. Wir trugen weiße Kleidchen, Rüschensocken in Lackschuhen und sahen ganz und gar vorzeigbar aus. Wie immer saßen wir im behäbigen Ambassador des Captain vorne zwischen Nanna und ihm, Oma wurde zwischen meine Eltern im Fond platziert. Sie schnatterte fröhlich über die schönen Palmen, die ihr gefielen, die klobigen roten Busse, die sich röhrend auf den Straßen vorwärtsquälten. Sie bewunderte die kleinen Bungalows mit ihren hübschen Gärten, und dann sah sie, worauf sie gewartet hatte: eine echte Kuh. Beziehungsweise einen echten Wasserbüffel, aus dessen Milch in Italien teurer Mozzarella gemacht wird. In Bombay stromerten die damals herum und aßen, was sie am Straßenrand finden konnten. Der, den Oma betrachtete, verschlang gerade etwas Rotes. »Das ist nun für mich Indien«, sagte sie, »wie ich es mir vorgestellt habe.« Nanna schaute etwas säuerlich. »Eine Kuh, die eine Plastiktüte isst?«, fragte meine Mutter vorsichtig. Denn ja, das arme Tier kaute nicht auf einem nahrhaften Blatt herum, sondern auf Zivilisationsmüll, der sich zu der Zeit in Bombay auszubreiten begann. Eine Krähe kam und hüpfte auf den Rücken des Büffels, der sich davon nicht stören ließ.

Wir besuchten brav den Gottesdienst. Weil Oma enttäuscht über das moderne Gebäude war und darüber, dass keine wuchtige Orgel zu den Liedern spielte, versprach Nanna ihr, zum nächsten Gottesdienst in eine andere, wesentlich ältere Kirche zu gehen, die St. Andrews Church. Die sei schon vierhundert Jahre alt und damit zwar nicht ganz so alt wie der Kölner Dom, dafür jedoch bereits seit Langem fertiggestellt. »Ach«, meinte Oma, »wir hatten in Krefeld eine Kirche, die verlor in einer Bombennacht ihren Turm.« Bevor sie weiter über den Krieg sprechen konnte, fand Nanna, es sei nun Zeit, dass alle aufbrächen, um sich bei ihr zu treffen – ihre Geschwister, die Geschwister vom Captain, Onkel und Tanten, Cousins und Cousinen sowie sämtliche Gewohnheitsverwandten sprangen in die Autos, Kinder wurden hineingequetscht, auf den Schoß genommen, und dann fuhren alle durch Bandra zum Haus am Ende der Straße. Wir hielten noch beim Konditor, der irrigerweise »Croissants, etc.« hieß und packten eine schwere, feste, süße Schokoladentorte ein, an deren brauner Hülle sich Kondenstropfen bildeten. Andere kauften unterwegs Samosas, ein Lieferant brachte in der Zwischenzeit Sandwichs in die Wohnung und das Dienstmädchen von Nannas Schwester brachte Biryani und einen Topf Sorpotel.

Als wir zu Hause ankamen, saßen die ersten Gäste schon längst auf der Veranda. Robert, der lieber ausgeschlafen hatte und am Abend zuvor in der Messe war, stand an der Anlage und drehte die Musik auf. Aus den Boxen, die so groß waren wie ein Autoreifen, dröhnten die Rolling Stones. Roger Whittaker wäre Oma lieber gewesen, und man merkte es ihr in dem Moment deutlich an. »Können wir nicht diesen Krach ausstellen?«, fragte sie. »Man versteht ja sein eigenes Wort nicht. Wer hat das überhaupt angemacht?« »Die Musik hier ist immer so laut«, schrien wir. »Das macht nichts, alle haben das gern.«

»Auch die Alten?« Oma war eine strikte Trennung gewöhnt, Menschen ihrer Generation hörten Milva, Roland Kaiser oder Caterina Valente. Wenn Jüngere dabei waren, mussten sie sich eben anpassen – oder man spielte gar keine Musik, dann wurde auch niemand gestört. So sah sie mit einiger Verwunderung, dass die Schwester des Captain und ihr Mann zu

»Satisfaction« eine Art Jive tanzten, anstatt Robert zurechtzuweisen. Die Alten saßen zusammen mit den Jungen auf der Veranda, tranken Whisky und Kingfisher-Bier, wir Kinder liefen herum und wurden vom Bruder des Captain, von dem wir uns heimlich ausmalten, er sei Geheimagent, mit wilden Geschichten unterhalten. Alle wirkten fröhlich wie Menschen, die niemals mit Problemen kämpfen mussten. »Wir hatten den Krieg«, sagte Oma. »Die Bomben und die Toten.« Die Armut und den kalten Winter. Die Vermissten, den Hunger. »Ich weiß noch, was Hunger ist«, meinte sie. Und wenn sie wieder Straßenkinder sehe, dann werde sie ihnen etwas geben.

Am nächsten Freitag, Oma hatte in den vergangenen Tagen versucht, einen Kaftan zu erstehen, einen Spaziergang zu machen und das Café zu finden, wo wir die Schokoladentorte gekauft hatten – am Freitag also sagte sie, sie fühle sich erschöpft und wolle zu Hause bleiben. Der Captain befand sich auf einem seiner letzten Flüge vor dem Ruhestand außer Landes, meine Eltern unternahmen einen Kurztrip in die Berge, und wir Kinder wollten mit den Großmüttern in den Gymkhana gehen, den Club in unserer Straße. Eine große Feier fand statt anlässlich der Einweihung der neuen Tennisplätze, und man konnte beim Bingo Obstkörbe, Handtücher und Plastikkaraffen gewinnen. Danach sollte eine Band spielen, und zum Schluss würde die Tennisjugend zeigen, was sie konnte. »Geht ihr nur«, sagte Oma zu Nanna. »Ich bleibe hier.«

Oma wartete, bis wir weg waren und Sonu im Sessel

auf ihrer Terrasse eingedöst war, und verschwand. Zunächst hielt sie an der nächsten größeren Straße eine Rikscha an und forderte vom Fahrer, er solle sie zum Gateway of India bringen. Sie hatte ein Bild davon in der Zeitung gesehen, wusste, dass es in Bombay stand, und meinte es nun einfach mal besuchen zu müssen. Schließlich wollte auch jeder, der nach Westberlin kam, über die Mauer blicken und das Brandenburger Tor sehen. Der Rikscha-Fahrer wunderte sich zwar über diese Frau, die ihre Leibesfülle in sein klappriges, aber reich dekoriertes Gefährt zwängte, sagte etwas von »Mahim River only«, drehte die Uhr nicht um und fuhr los.

Oma hielt die Nase in den Verkehr und staunte über die vielen Handkarren, auf denen Waren transportiert wurde. Sie schaute auf die vielen Roller, auf die Stände, an denen bunt eingefärbter Zuckerrohrsirup verkauft wurde, und auf die vielen Menschen, die in ihren Saris, den Lungis, in Unterhemden oder elegant im Anzug über die Straße liefen. Sie sah die klapperige HP-Tankstelle an der Hauptstraße, Tankwarte, die Ambassadors befüllten, die alle schwarz oder weiß waren. Oma kam gerade richtig in Fahrt, als sie an einer der unwirtlichen Ecken der Stadt gestoppt wurde. Die Rikscha hielt bei einer Brücke, unter der schwarzes Wasser so dick und zäh stand, dass man glaubte, ein Stein würde davon zurückprallen. »Mahim River«, wiederholte der Fahrer und zeigte in Richtung der Innenstadt. »Rikscha no, no. Now taxi.«

Oma verstand, dass es für Rikschas nicht erlaubt war weiterzufahren. Angeblich eine verkehrsberuhigende Maßnahme. Sie zahlte den Fahrer, der mit großer Dankbarkeit seine Gebühr kassierte und ein Taxi herbeirief. »Du kannst sie zum Gateway of India fahren«, sagte er nach Einschätzung der Oma zu seinem Kollegen, wahrscheinlicher aber ist, dass er dem anderen riet, was jeder vernünftige Mensch in dieser Situation getan hätte: »Fahr sie zum Taj-Mahal-Hotel, und nimm den vierfachen Preis, das habe ich auch getan.« Er setzte Oma in ein rostiges Taxi, das nur von seinem schwarz-gelben Anstrich zusammengehalten wurde. Und von bunten Aufklebern, ähnlich denen auf der Rikscha. Ein blinkender Elefantengott zierte das Armaturenbrett. Die Sitzbezüge hatten ein Tigermuster, und die Wagennummer war mit weißer Farbe auf die dunkle Rückseite der vorderen Bank gepinselt. Der Wagen brauste durch die Stadt. Oma sah eine Ziege, die in ein Restaurant marschierte, Arme, die auf ihre Speisung warteten. Große Reklametafeln für Cadbury-Schokolade. Ein Planetarium. Eine elegante Rennbahn. Eine Moschee und überall diese vielen Menschen. Im vornehmen Bezirk Breach Candy überquerte ein Mann im Polodress die Straße, an der nächsten Ampel kam ein Einäugiger auf sie zu, der einen blutigen Verband an der Hand trug.

Unterdessen lauschten wir im kühlen Clubraum des Gymkhana dem Vorsitzenden, der Zahlen aus einer Trommel fischte und sie vorlas »Sweet sixten«. »Crazy eight.« Als er »Unlucky thirteen« nuschelte, rief Nanna »Bingo«. Das Spiel wurde gestoppt, ihre Karte kontrolliert. Nanna schaute triumphierend, als ihr die hellgrüne Plastikkaraffe übergeben wurde. Sie hatte eine Runde gewonnen, und wir bekamen zur Feier noch eine Thums Up-Cola spendiert. Und während wir anschließend dem Plopp-Plopp auf dem Tennisplatz folgten, stand Oma schon am Gateway of India.

»Das ist Indien«, meinte sie, lag damit aber völlig falsch. Denn wenn der steinerne Bogen aus dem Jahr 1924 irgendetwas symbolisierte, dann war es die Zeit des »British Raj«, der Kolonialzeit Indiens. Schließlich wurde das Tor mit seinen Bögen und Türmen nur gebaut, um an den Besuch des englischen Königs Georg V. im Jahr 1911 zu erinnern, und sollte danach als Anlegestelle für die großen Dampfer dienen, mit denen feine Europäer nach Bombay reisten. Die letzten britischen Soldaten verließen das Land ebenfalls durch dieses Tor. Inzwischen legen hier hauptsächlich die Barkassen zur Tempelinsel Elephanta ab. Oma sah Tauben auf dem Platz herumflattern, Palmen, die sich vor der Bucht wiegten, in der unzählige Frachtschiffe vor Anker lagen.

Sie drehte sich um, schlenderte durch das Taj-Mahal-Hotel, doch hier war es ihr zu fein, sie fühlte sich unwohl, fehl am Platz, und so lief sie wieder heraus und durch ein paar Gassen, in denen alles von Gewürzen bis zu Zeitungen und Kugelschreibern angeboten wurde. Die Händler saßen in ihren Ständen, die sämtliche Stadien des Provisorischen erkennen ließen. Der Mann mit den Zeitungen hatte seine Ware auf dem Boden ausgebreitet, der Mensch mit den Gewürzen operierte von einem Tisch aus, unter den dicke Reifen montiert waren. Der Kugelschreiberverkäufer hatte seine Bürowaren in einer Art Schrank untergebracht, wobei die Stifte in Köchern auf den aufgeklappten Innenseiten lagerten.

An einer Häuserecke wunderte Oma sich über ein Verkehrschild, das eine durchgestrichene Pferdekutsche darstellte, zwei händchenhaltende Männer gingen an ihr vorbei, das übliche Flanierverhalten indischer Halbstarker, und spuckten rote Betelnussreste auf die Straße. Hinter dem Schild sah sie ein Café, das zwar wie eine düstere Höhle wirkte, aber dort entdeckte sie im Schein der Lampen ein paar Gestalten, die ihr vertraut vorkamen: Deutsche.

Oma bestellte sich also im Café Mondega einen Kaffee und beobachtete ihre fremden Landsleute. Sie sprachen tiefstes Bayrisch, ihr blondes Haar war verfilzt, die Kleidung hatte Flecken. Sie redeten, soweit Oma das verstehen konnte, darüber, wie sie mit wenig Geld die nächsten Wochen über die Runden kämen. »Mir san pleite«, sagte der eine. »Macht gar nix«, meinte der nächste. Sie würden es mit dem, was sie noch hatten, mindestens bis Goa schaffen. Was nach Goa käme, sei eigentlich egal. Meine Oma überlegte. Konnten das hier späte Hippies sein? Sie hatte noch nie welche gesehen, außer im Fernsehen – in Hüls gab es ja so etwas nicht. Sie wollte sie schon ansprechen, da legten die beiden ein paar Rupien auf den Tisch und verschwanden. Meine Großmutter zahlte und wollte ihnen folgen, verlor sie jedoch rasch aus den Augen.

Als Nächstes marschierte sie an einem Kino vorbei, durch die Arkaden der Innenstadt, in einigen fand sie Verkaufsstände, in anderen hauptsächlich Dreck. Sie ging bis zu einem strahlend hellblauen Gebäude, das inmitten der düsteren neo-gotischen Architektur Bombays endlich exotisch wirkte, betrachtete es näher und las auf einem Schild, dass es sich anscheinend um eine Synagoge handelte, die Kenneseth Eliya Synagogue. Ein Mann in ihrem Alter, der eine weiße Kippa trug, polierte eine Inschrift beim Eingang. »Kann ich Ihnen helfen?«, fragte er. Er sei der Gemeindevorsteher. Seine Augen waren groß und rund. »Can I see?«, fragte Oma. »We don't have a synagoge. The war. Bad people«, sagte sie.

»Are you Jewish?«, fragte der Gemeindevorsteher.

»No, German«, antwortete Oma.

»Come, I will show you.« Er führte Oma die Treppe hoch zu dem imposanten Saal mit seinen vielen hölzernen Sitzreihen. Sie hätten zwar eine Synagoge, aber keine Leute, beklagte er. Das hier sei nicht sein Hauptjob, eigentlich arbeite er als Busschaffner, denn hiervon könne er nicht leben. Die indischen Juden, erklärte er, hätten einmal aus verschiedenen Gruppen bestanden, vor allem drei davon seien bedeutsam gewesen: die sephardischen Juden, die Bene Israel und die Cochin-Juden. Davon sei so gut wie nichts mehr übrig – die meisten seien nach der Unabhängigkeit Indiens nach Israel ausgewandert. In diesem Gotteshaus, das 1884 von dem vermögenden Spinnereibesitzer Jacob Elias Sassoon erbaut wurde, könne man kaum mehr Gottesdienste abhalten, denn selten bekäme man die erforderliche Zahl von zehn Männern zusammen. Deshalb müsse er jetzt auch weiter zu einer anderen Gemeinde, es täte ihm leid.

Bedrückt wanderte meine Großmutter wieder in die Hitze des indischen Nachmittags hinein. Sie hing ihren Gedanken nach, an den Krieg, an die Synagoge, an die späten Hippies, marschierte über einen großen

Kreisverkehr, wollte sich nach einem Taxi umschauen, als jemand vor einer Kunstgalerie anfing, ihre beigefarbenen Gesundheitsschuhe mit einem dreckigen Lappen zu putzen. Zu ihren Füßen kniete ein kleiner, dürrer Mann in einem löchrigen T-Shirt, der Betelnuss kaute und zu ihr hochschaute. Er murmelte etwas, das bedeuten sollte, ihre Schuhe seien schmutzig. Oma erlitt einen leichten Schock. Erstens wäre sie niemals mit ungeputzten Schuhen aus dem Haus gegangen. »Menschen erkennt man an ihren Schuhen«, predigte sie immer, und sie war ja erkenntlich ein ordentlicher, reinlicher Mensch. Zweitens machte ihr die Perspektive zu schaffen, dass sie wie ein Turm über jemandem aufragte, der ihre Schuhe, also sie, anfasste. Das ließ sie alle traurigen Erinnerungen an die armen Kinder und ihre Vorsätze, ihnen beim nächsten Mal wieder Geld zu geben, schlagartig vergessen. Stattdessen wurde sie richtig wütend. Sie schob ihre braune Hornbrille hoch, hob ihren weißen, speckigen Zeigefinger und schrie: »Stop! Stop!«

»Please Memsaab, shoe dirty«, sagte der Mann und zeigte auf einen dicken roten Fleck, der von ausgespuckter Betelnuss stammen musste. Auf diesen Trick ist bis heute noch niemand ernsthaft hereingefallen, selbst die Oma ließ sich nichts vormachen. Der Fleck, so ihr Verdacht, stammte vom Schuhputzer selbst. Der wollte sich mit dieser Methode zweifellos eine schnelle Rupie verdienen und sollte sie nun mal kennenlernen. Und weil ihr Englisch nicht ausreichte, um jene Beschimpfungen herauszulassen, die ihr vorschwebten, legte sie auf Deutsch los. »Hör sofort damit auf«, schrie sie. »Ich lass mich doch nicht für dumm verkaufen!« Den Passanten, die aus den Büros und Geschäften strömten und entspannt in den Feierabend gingen, bot die Oma einen interessanten Anblick, denn es schien auf einen kleinen Kampf zwischen der Touristin im Freizeitoutfit und dem Schuhputzer hinauszulaufen. Sie schrie, er ließ nicht locker. Um Oma und den betrügerischen Dienstleister bildete sich jedenfalls eine kleine Arena von Zuschauern, die alle gespannt warteten, ob die Ausländerin selbst mit dem Schuhputzer fertigwürde oder ob man ihr helfen müsste.

»Ich will nicht, dass mir irgendjemand die Schuhe putzt«, schrie Oma. Sie versuchte ihren Fuß wegzuziehen, davonzulaufen. Aber die Schaulustigen drängten sich im Kreis um sie und wollten auf keinen Fall weichen – es erschien ihnen zu interessant, was dort passierte. Auch der Schuhputzer begann langsam zu überlegen, ob er nicht besser von Oma lassen sollte. Von ihr, das wusste er, ging zwar keine Gefahr aus, doch was, falls jemand aus der Menge Partei ergriff? Nach ihm trat? Andererseits musste jeder Schuhputzer Geld verdienen und würde Ärger vom Boss bekommen, wenn er sein Soll nicht erfüllte. Und so beschloss er, noch ein bisschen an der Frau dranzubleiben, und wenn sie noch so laut schrie.

Monty Khan war auf dem Weg zu seinem Roller, als er Oma inmitten der Menge sah. Der Dreiundvierzigjährige arbeitete als Sprachlehrer im Max Mueller Bhavan Institut, wo er arglosen Schülern eine Einleitung ins Der-die-das zu geben versuchte, ihnen von der Lorely erzählt, vom schönen Rhein und vom unglaublichen Oktoberfest, wo die Menschen Bier tranken und Fleisch aßen, bis sie umfielen. »Sonst sind die Deutschen sehr diszipliniert und bauen Straßen, von denen können wir hier nur träumen!«

Diszipliniert sah die Frau in der Menge allerdings nicht aus, eher hysterisch, aber er verstand sie. Sie war Deutsche. Und sie brauchte seine Hilfe. Mutig klemmte er seine Ledermappe unter den Arm und kämpfte sich den Weg in den Zirkel frei, packte den Schuhputzer am löchrigen Kragen, belegte ihn mit den übelsten Flüchen, die sein Marathi hergab, sodass der Putzer sofort seinen Lappen in das kleine Kästchen stopfte, in dem er seine Utensilien hortete. Oma wusste nicht, als sie im diesigen Licht des Sonnenuntergangs stand, ob dieser Mann der nächste Gauner in diesem Basar war, der sich Stadt nannte, oder ihr Retter. »Seien Sie unbesorgt, verehrte Dame«, sagte Monty. »Ich werde Sie aus Ihrer misslichen Lage befreien.« Er reichte ihr seine Hand und führte sie aus dem sich auflösenden Kreis heraus zu seinem mintfarbenen Bajaj-Roller, den er am Straßenrand geparkt hatte. »Möchten Sie, dass ich Sie zu Ihrem Hotel fahre?«, fragte er.

Oma fand ihn ebenso wunderlich wie amüsant. Wenn jemand sie in der Fremde derart höflich ansprach, konnte er ihr nur Gutes wollen. »Ich wohne gar nicht in einem Hotel, sondern in Bandra bei den Eltern meiner Schwiegertochter.« Sie habe einen Ausflug gemacht, ohne Bescheid zu sagen, stammelte sie, und nun würden sie sicher nach ihr suchen. Oma war klar, dass die Zeit, in der sie unbemerkt verschwinden konnte, weit überschritten war.

»Oh, Bandra trifft sich gut«, sagte Monty, er müsse auf dem Weg nach Hause sowieso dort vorbei und könne sie hinbringen. Vorher, riet er, solle sie besser bei der Familie anrufen und sagen, dass alles in bester Ordnung sei. Sie habe die Nummer nicht, musste Oma zugeben. »Macht nichts«, antwortete Khan und fragte nach dem Namen der Familie, rief daraufhin einen Bekannten in Bandra an, um auf Umwegen die richtige Nummer herauszufinden. »Bombay ist ein Dorf«, sagte er. Außerdem erinnerte er sich an eine fleißige und begabte Sprachschülerin gleichen Namens. Ob das die besagte Schwiegertochter sein könnte, wollte er von Oma wissen.

Schließlich telefonierte er mit Nanna und versprach ihr, die vermisste Dame in einer Stunde abzuliefern. Er stieg auf seinen Roller, Oma setzte sich seitwärts hinter ihn, und so fuhren sie durch den Berufsverkehr zurück. An der Hadschi-Ali-Moschee, die hell erleuchtet war und über deren schmalen Steg lauter Menschen zum Gotteshaus liefen, hielt Monty kurz an, um Oma das Schauspiel zu zeigen. »Ach, wie interessant«, seufzte Oma. Ein paar alte Bauwerke gebe es zu Hause in Krefeld ja noch, aber alles andere sei ziemlich mitgenommen vom Krieg. »Der Krieg«, sagte Monty. »Das muss eine furchtbare Zeit gewesen sein!« Sie habe ihn doch erlebt, ob sie nicht ein wenig davon und von der Zeit danach erzählen könne.

Und dann erzählte Oma vom Krieg beim Abendessen in Nannas Haus, die darauf bestanden hatte, dass Monty blieb. Wir Kinder rollten die Augen, weil wir jede einzelne Geschichte kannten – Monty hingegen war so interessiert, dass Oma und er sich am nächsten Tag erneut trafen, damit sie weitererzählen konnte. »Wissen Sie«, meinte er, »es ist so schön, eine Deutsche zu treffen, die nicht auf dem Pfad der Erleuchtung durch Indien wandelt.« Die meisten Reisenden seien so mit ihrer Suche beschäftigt, dass sie gar nicht darüber reden wollten, wie es bei ihnen zu Hause aussehe. Oder sie würden ihm sogleich Vorwürfe machen wegen des sozialen Ungleichgewichts in Indien, was natürlich schlimm sei und bekämpft werden müsse.

»Gibt es denn hier keine SPD, die sich darum kümmert?«, fragte Oma, deren Herz trotz aller Enttäuschung unverbrüchlich für die Sozialdemokraten loderte. Nein, sagte Monty. Ob meine Großmutter ihm denn etwas über den derzeitigen Zustand dieser großen Volkspartei berichten könne? »Dieser Oskar Lafontaine«, sagte Oma, und es folgten lange Erörterungen, dass dieser Saarländer die Partei in den Untergang treibe und dass sie ihn gar nicht leiden könne. Wir Kinder rollten wieder mit den Augen – wenn es nämlich neben den Schauergeschichten vom Krieg etwas gab, was wir noch besser kannten, dann waren das Omas Tiraden gegen Lafontaine. Für Monty dagegen war das alles neu und interessant.

»Ich freue mich«, sagte er zu meiner Mutter, die wieder aus den Bergen zurück war, »dass meine Schülerin so gut aufgehoben ist!« Meine Mutter lächelte, freute sich ebenfalls, ihren Lehrer wiedergetroffen zu haben, und verkniff sich einen weiteren Kommentar. »Vielen Dank, dass Sie mich so gut auf das Leben in Deutschland vorbereitet haben«, sagte sie stattdessen.

»Aber tun Sie mir einen Gefallen und warnen Sie Ihre Schüler, dass niemand, und ich meine wirklich niemand, in Deutschland Max Müller kennt.«

Das Leben ist eine Baustelle – auch in Bombay

Der ehemalige Premierminister Rajiv Gandhi stand im Frühjahr 1991 auf einem Marktplatz in Südindien. Um ihn herum drängten sich Menschen, sie wollten endlich den Mann sehen, der jetzt erneut kandidieren würde. Gandhi, ein schüchtern wirkender Mann, war vom Captain in die Fliegerei eingeführt worden und hatte geglaubt, ein unauffälliges Leben als Pilot führen zu können. Doch als sein von allen als unberechenbar eingeschätzter und nicht gerade beliebter Bruder Sanjay mit seinem Flugzeug in den Tod stürzte, musste er an seiner Stelle die politischen Hoffnungen der Familie erfüllen. Einer Familie, die mit seinem Großvater Jaharwahal Nehru und seiner Mutter Indira Gandhi schon zwei Premierminister gestellt hatte, in dem Bewusstsein lebte, entscheidend zur Unabhängigkeit Indiens beigetragen zu haben, und daraus den Anspruch ableitete, auch in Zukunft die Geschicke des Landes zu lenken.

Das Mandat fiel ihm nach dem gewaltsamen Tod seiner Mutter, die von ihren eigenen Bodyguards erschossen wurde, in den Schoß. Rajiv, der in England zur Schule gegangen war und mit einer gescheiten italienischen Frau in die Heimat zurückkehrte, wurde gewählt, wieder abgewählt, um wiederum gewählt zu werden. Er führte seinen Wahlkampf nicht vom hohen Ross herab, sondern wagte sich mitten unter die Menschen. Ein Fehler, denn neben ihm tauchte ein weibliches Mitglied der Tamil Tigers auf und riss ihn, sich selbst und viele andere mit einer Bombe in Stücke.

Indien befand sich damals wirtschaftlich in einer schwierigen Situation. Das Land war pleite. Hatte keine Devisen, kein Geld und galt gemeinhin nicht mehr als kreditwürdig. So wurden Reformen umgesetzt. Weg mit dem sozialistischen System. Weg mit der Planwirtschaft. Weg mit allem, was schuld war am niedrigen Wirtschaftswachstum, verächtlich auch »The Hindu rate of growth« genannt. Autos durften eingeführt werden, Coca-Cola verdrängte Thums Up. So begannen in Indien die Neunziger.

In Bandra galt bis dahin noch immer der Spruch, den der Captain mir als Kind beigebracht hatte: »If you throw a stone in Bombay, you hit a priest, a pig or a Perreira.« (Wenn man in Bandra einen Stein würfe, träfe man entweder einen Priester, ein Schwein oder einen guten Katholiken mit einem echt portugiesischen Namen.). Sollte heißen: Bandra war nach wie vor ein verschlafenes Dorf am Rande Bombays, das sich vor allem durch seine vielen Kirchen und Kirchgänger auszeichnete.

Das Internet war zu dieser Zeit zwar schon erfunden, aber sowohl in Krefeld als auch in Bombay weitgehend unbekannt. Ein Fax galt als wahnsinnig modern. Anstatt der blauen Aerogramme von Nanna und dem Captain begann ab und an der schwarze Kasten im ersten Stock unseres Hauses zu summen, zu knarzen und ein Stück Papier auszuspeien, auf dem die präzise, gestanzte Schrift des Captain erschien und doppelt so lang darunter die runde von Nanna. Sandra hatte ein Faxgerät in ihr Home-Office gestellt und musste zum Erstaunen meiner Großeltern nur auf ein paar Knöpfe drücken, damit wir am anderen Ende der Welt ein Blatt Papier bekamen, auf dem genau das stand, was sie geschrieben hatten. In genau derselben Schrift.

Die Meinung des Captain zur Währungskrise? Angekommen! Warum es gut sei, die gesamte Wirtschaft zu liberalisieren? Eingetroffen. Was die Reformen bringen würden? Durchgelesen. Ob wir uns vorstellen könnten, dass Bombays Straßen ebenfalls bald voller Hondas und BMWs seien? Wir konnten es nicht, denn die Ambassadors, diese großen, runden Autos mit ihrem Design aus den Fünfzigern, waren vielleicht nicht windschnittig wie ein Toyota, doch sie gehörten zu Indien wie die Kuh, wie Kricket und das Wagenrad in der Nationalflagge. Die chromfarbenen Türgriffe, der luftige Innenraum, das Fehlen aller Extras außer Gardinen. Der alte Ambassador des Captain mache sowieso Schwierigkeiten, erfuhren wir, er verliere Öl, verbrauche zu viel, die Lenkung sei schwerfällig, er quietsche. Vielleicht, meinte der Captain, sei es Zeit, sich von diesem alten Schlachtschiff zu verabschieden und ein kleines Auto zu fahren, etwa den neuen Maruti. »So ein Quatsch«, schrieb Nanna darunter. Sie hatte in ihrem Leben nicht eine Minute hinter dem Steuer eines Wagens gesessen, aber meinte nun: »Nichts fährt besser als unser alter Ambassador.« Den modernen Autos fehle Stil und Knautschzone. Wer lege schon Wert auf eine eingebaute Musikanlage, wenn man in den Fond gequetscht würde. »In diese Marutis passen höchstens vier Leute. Der Fahrer mit eingeschlossen!« Indien brauche keine neuen Autos, sondern höchstens neue Straßen.

Die alten nämlich bescherten einem inzwischen ein Gefühl wie bei einem wilden Kamelritt, denn man wurde bei Fahrten mit dem Auto gewaltig durchgeschüttelt. Der Asphalt, kaum war er gegossen, brach unter den heftigen Monsunschauern. Risse und Schlaglöcher entschleunigten den Verkehr, der sowieso mehr und mehr an sich selbst erstickte. So dauerte die Fahrt vom Inlandsflughafen Santa Cruz nach Bandra jedes Jahr etwas länger. Ende der Achtziger führte die Lollipop Road – wir nannten die Straße so wegen der riesigen runden Werbeschilder, die seitlich auf schmalen Betonpfeilern ruhten – längst nicht mehr durch einsames Sumpfland. Es begann mit ein paar notdürftig zusammengeschusterten Hütten von Wanderarbeitern, aus denen sich mit der Zeit ein stetig wachsender Slum entwickelte. Hier lebten die Kofferträger, die Müllsammler, die Frauen, die den heruntergekommenen Flughafen fegten. Teile des Slums krochen auf das Flughafengelände zu, andere schmiegten sich an die Straße. An den Kreuzungen, wo früher nicht mal ein streunender Hund zu sehen gewesen war, schliefen jene Menschen, die sogar für das bisschen Haus im Slum zu arm waren.

In Sichtweite der niedrigen Hütten, die nur im günstigsten Fall aus Wellblech gebaut waren, meistens jedoch aus einer Mischung aus Planen und brüchigem Holz, wurden Luxushotels hochgezogen, in denen die Crews der Fluggesellschaften logierten. In der

Dunkelheit standen rostige Autorikschas, auf deren Rückbänken sich die Fahrer ausstreckten, sodass ihre nackten Füße ins Leere ragten. Der Geruch schwelender Feuer hing in der Luft, und Bombay roch auch hier kloakig und verbrannt. Der Captain schimpfte über die vielen Menschen, in denen er nicht mehr sah als ein Sicherheitsproblem für seine Kollegen, die noch nicht pensioniert waren. »Die wohnen praktisch auf dem Flughafengelände«, protestierte er. »Irgendwann bauen sie ihre Hütten zwischen die Runways, und dann?«

Doch niemand kam, um die Slumbewohner zu vertreiben – als sogenannte 'Votebanks', also Stimmdepots, waren sie jedem Politiker einfach zu wertvoll. Die Stadt füllte sich jeden Tag mehr, wuchs heran zur Großstadt, zur Multimillionenstadt, zur Megacity mit ihren Industriellen und Bollywoodstars, mit den millionenschweren Kricketspielern und angesagten Modeschöpfern, der funkelnden Oberschicht. Autos, hauptsächlich kleine Suzukis mit ihren blinkenden Disco-Ganesha-Figuren, reihten sich noch spätabends auf dem Weg aus der Innenstadt in die Vororte aneinander, rieben sich an Bussen und bunten Lkws mit ihren »Horn-O.K.-Please«-Schildern. Man kam vorwärts. Aber nur langsam.

»Ach, jetzt ist es so weit«, seufzte meine Mutter bei unserem nächsten Besuch. »Die schöne alte Villa Barbara.« Wir Kinder wussten zwar nicht, was an einem Haus, dessen Dach dringend gedeckt werden musste, an dessen Wänden die Farbe blätterte, dessen Garten heruntergekommen und dessen Toilette gruselig war, schön sein sollte, doch immerhin gefiel uns die Villa besser als die modernen Gebäude. Außerdem wohnte in dem verwunschenen Haus noch immer Rosa, die Mutter unserer Tante Sandra.

»Was wird denn stattdessen dort gebaut? Was wird aus dem Garten?« Nanna hatte sich in ihren alten Korbsessel zurückgelehnt und ihre Beine hochgelegt. Sie war zwar trotz ihres Alters nach wie vor eine elegante Dame, aber etwas schwach geworden.

Ich saß auf dem Bett, und meine Mutter sortierte unsere Kleidung im Koffer um. Sandra kontrollierte in einem dicken, gebundenen Auftragsbuch die Teile, die der Dhobi, also der Mann vom Wäscheservice, zurückgebracht hatte. »Fünf Hemden, vier Bettlaken, achtzehn Servietten, drei Tischtücher. Stimmt«, sagte sie und strich mit Kugelschreiber und Lineal die erledigten Posten durch. Einmal in der Woche schleppte sich der Dhobi, ein alter, sehniger Mann, mit einem riesigen Bündel auf dem Rücken aus dem Dhobighaat in Nannas Straße, um auf ihren täglich frisch gefeudelten Fliesen sein Tuch zu öffnen. Sosehr alle dem Captain und ihr zuredeten, die beiden weigerten sich noch immer, eine Waschmaschine anzuschaffen.

»Wozu brauche ich so etwas?«, fragte Nanna. »Wie es jetzt ist, so ist es gut: Jemand kommt, holt die Wäsche und bringt sie wieder zurück. Ist praktisch und hat sich bewährt.« Der Dhobi freute sich über Nannas konservative Ader und die ihrer Nachbarn. Er lieferte stets pünktlich saubere und ordentlich gebügelte Wäsche, die gar nicht so aussah, als habe sie an den Klippen von Bombays dreckigem Meer gelegen, wohingegen er selbst durch die harte Arbeit an den Waschtrögen alt und angeschlagen wirkte. Seine eigene Kleidung, eine Art weißer Anzug, sah aus, als falle sie gleich auseinander und als habe sein Körper nie wirklich hineingepasst. Trotzdem hatte der Mann mit dem, was er in dieser Straße erwirtschaftete, seine beiden Kinder durch die Schule gebracht und auf ein College geschickt. »Das ist schon gut, dass wir ihn haben«, sagte Nanna. »Und es ist gut, dass er uns hat.« Trotzdem kontrollierte sie jahrelang pedantisch die Rechnung, und später, als sie keine Lust mehr dazu hatte, übernahm Sandra diese Aufgabe. Jetzt klappte unsere Tante den verblassten Deckel der schweren Kladde zu, steckte sie zum Schutz gegen den Staub in eine knisternde Plastiktüte und schob das Paket in den Wäscheschrank, einen alten, kanonenbootgrauen Metallkasten, der stark an einen Tresorraum erinnerte.

Bandra begann sich in jener Zeit, als die Villa Barbara verschwinden sollte, zu verändern.

Auch Tante Priscilla, die in jungen Jahren eine populäre Jazzsängerin im Taj-Mahal-Hotel gewesen war, bekam das zu spüren. Wie Tante Betty, eine angloindische Dame, die Wert darauf legte, der Church of England anzugehören und nicht der katholischen Kirche, und Tante Masi, eine elegante verwitwete Parsin, kam sie jahrelang am ersten Donnerstag im Monat zu Nanna, um am Kartentisch Canasta zu spielen. Doch dann hatte Nanna eines Tages gefaxt: »Tante Priscilla ist von einer Rikscha angefahren worden.« Und kurze Zeit später hieß es: »Tante Priscilla ist gestorben.«

Das wunderschöne, wenngleich etwas heruntergekommene eingeschossige Haus, in dem sie gelebt hatte, verschwand kurze Zeit nach ihrem Tod mit seinen aufwendigen Holzschnitzereien hinter einem hohen Bauzaun. Darauf klebte ein riesiges Plakat, das den Bau von mehreren luxuriösen Wohnungen ankündigte. Im Bandra Gymkhana wurde gemunkelt, dass der Bauherr etwas mit dem Tod von Priscilla zu tun habe. Einmal im halben Jahr stand eine ähnliche Geschichte in der Zeitung, in der jemand beschuldigt oder verdächtigt wurde, einen renitenten Altbewohner umgebracht zu haben – nachweisen ließ sich das freilich selten. Andere verdächtigten Priscillas Vermieter. Hatte er sie nicht seit Jahren und immer nachdrücklicher darum gebeten, endlich auszuziehen weil er verkaufen wollte? »Sicherlich, sicherlich«, antwortete Priscilla ihm. »Es ist sowieso zu groß für mich.«

Weil sie trotzdem nicht auszog, sondern aufgrund eines überaus mieterfreundlichen Gesetzes unverändert die geringe Monatsmiete zahlte, auf die die Eltern des Vermieters und sie sich 1952 geeinigt hatten, und weil es für den Vermieter keine legale Möglichkeit gab, sie aus dem Haus zu werfen, hielten manche es gar für legitim, dass er sich irgendwie zu seinem Recht verhelfen wollte. Immerhin brauchte er dringend Geld für die Sanierung seiner angeschlagenen Plastikbecherfirma. Außerdem war da noch die Sache mit seinem Alkoholproblem. »Er hing an der Flasche«, ging das Gerücht um, dauernd habe er bei Pinkys Weinladen in Pali Hill angerufen und sich Alkohol liefern lassen. »Keinen indischen Rum, sondern importierten Whisky«, wurde gemunkelt. Und der sei richtig teuer. »Wer weiß«, sagte Nanna zu ihren

Freundinnen, »solche Dinge passieren eben. Vielleicht war es ja doch nur ein Unfall.«

Bandra wuchs und wuchs. Nicht nur in die Höhe, sondern wie ganz Bombay ebenfalls in die Breite. Und ins Meer hinaus. Ohne solche Landgewinnung hätte es niemals ein zusammenhängendes Stadtgebiet gegeben. Wo früher die Wellen an Land klatschten, entstand ein Krankenhausriese, der es mit jedem Fünfsternehotel aufnehmen konnte. In seinem Schatten lebten auf der sogenannten »Reclamation« Flüchtlinge aus Bangladesch in flachen Containern.

Nicht nur die Villa Barbara und Tante Priscillas Haus fielen dem Bauboom zum Opfer. In allen Ecken verschwanden Häuser: die Villa Rose der Gonsalves mit dem liebevoll gepflegten Garten an der Turner Road und die Villa Laburnum gegenüber des St. Andrew College. Die kleine Hütte der de Souzas an der St. Pauls Road, in deren drei Zimmern immerhin einst zehn Menschen Platz gefunden hatten. Auch die Perreiras, die mit vier Generationen am anderen Ende der Straße lebten, rissen ihr schäbiges Holzhaus mit dem geschnitzten Portal und dem löchrigen Dach ab. Wo vorher zwei Stockwerke standen, wurden sechs plus Dachterrasse gebaut. Die Mieteinnahmen bescherten der Familie mit ihren drei Kindern und einer debilen Tante nie geahnten Reichtum.

»Schön für sie«, meinte Nanna, und zugleich betrübte es sie, wenn sie daran dachte, dass dies in ganz Bandra, ja ganz Bombay passierte. Diese »Developer« seien in Wirklichkeit keine Entwickler, sondern Raubritter, schrieb sie uns, die mit ein paar Tricks versuchten, sich einen guten Ruf zu verschaffen. Wie der Verschönerung von Parks und Verkehrsinseln. Tatsächlich fanden wir bei unserem nächsten Besuch die Grünanlagen in Bandra alle etwas geharkter aussehend als in den Jahren zuvor. Kein Müll sammelte sich mehr in den mickrigen Rabatten – sie waren im Gegenteil adrett bepflanzt, die Skulpturen, sofern vorhanden, bunt gestrichen, der Rasen gepflegt. Und es steckte in jeder einzelnen Anlage ein metallenes Schild mit dem Namen einer Baufirma.

Ehemalige Hausangestellte, Chauffeure, die Söhne von Waschfrauen und Fegerinnen kamen regelmäßig zu Besuch zu ihren ehemaligen Dienstherren, zeigten ihre goldenen Uhren, Ketten und Armbänder, Statussymbole, die sie sich auf dem Bau in Dubai oder Kuwait verdient hatten, zum Teil unter elenden Bedingungen. Die untere Oberschicht, zu der auch meine Großeltern zählten, bekam es bei so viel zur Schau gestelltem Reichtum ihrer ehemaligen Angestellten mit der Angst zu tun, eines Tages auf dem Weg zu Wohlstand und Sicherheit überholt zu werden. Dass es gleichzeitig in jeder Straße mehrere Familien gab, die durch den Verkauf ihrer Grundstücke zu Millionären geworden waren und so schnell kein Geld mehr brauchten, machte die Sache nicht besser.

Diese Leute konnten sich jetzt alles leisten und schickten ihre Sprösslinge auf die teuersten Schulen und später zum Studium nach Amerika. So saßen die Kinder von Nannas Nachbarn, mit denen wir früher im Straßengraben nach Kaulquappen fischten oder Kricket im Hof spielten, jeden Abend am Schreibtisch, während ihre Mutter hinter ihnen wachte. Taten sie sich schwer, richtig zu rechnen, zu schreiben, alle Flüsse Südamerikas oder komplizierte naturwissenschaftliche Formeln auswendig zu lernen, drohte sie ihnen mit einem eisernen Lineal Schläge an und kniff sie ständig mit ihren langen, lackierten Fingernägeln in die Ohren. Mit der Zeit wurden aus unseren Spielkameraden, unseren Freunden, eingeschüchterte, verängstigte Kinder, die von ihren Eltern in Richtung Zukunft drangsaliert wurden. »Buchstabiere Blumenkohl«, forderte die Mutter, und ein verängstigter Junge begann. »Be, El, U, H.« Zack, sauste das Lineal auf den Tisch. »Noch mal!« Für die Pflichtfächer Hindi und Marathi musste allerdings ein Nachhilfelehrer ins Haus kommen, denn von all den alteingesessenen Bewohnern dieser katholischen Enklave beherrschte keiner die Regeln der Regionalsprachen. »Als wir zur Schule gingen«, schimpften sie, »brauchte man das alles nicht!« Am Morgen marschierten diese Kinder in ihrer Schuluniform – dunkelblaue Shorts, Kniestrümpfe, weißes Kurzarmhemd, Krawatte – aus dem Haus, blieben bis zum Nachmittag weg und kamen müde und verdreckt nach Hause. Danach hatten sie keine Zeit zu spielen, weil entweder nach dem langen Schultag eine neue Hausaufgabenrunde mit der Mutter folgte oder weil der Mathenachhilfelehrer kam – beim letzten Test waren schließlich nur 95 von 100 Punkten erzielt worden, das musste verbessert werden.

»Wenn wir doch auch so ein lukratives Angebot für unser Grundstück bekämen«, wünschten sich viele brave Familien, die vorher so stolz auf ihr ruhiges, verschlafenes Bandra mit seinen vielen Kirchen gewesen waren. Mindestens die Hälfte aller normal wirkenden Familien war innerlich zerrissen, kommunizierte nur noch über mehrere Schützengräben hinweg. Darin unterschied sich Bombay nicht von Berlin, bloß dass für die indischen Ehepaare eine Scheidung nicht infrage kam und erwachsene Kinder nicht von zu Hause ausziehen konnten. Die selbst für europäische Verhältnisse hohen Mieten sorgten dafür, dass Familien, die besser getrennt worden wären, aufeinanderhockten. So auch in der Villa Barbara.

Wenn Rosa Langhammer, Sandras Mutter, die dort den ersten Stock bewohnte, auf der Veranda saß, hörte sie fast jeden Abend das Geschrei ihrer Vermieterfamilie, Fetzen von Anschuldigungen wie »Immer musst du …« oder »Alles nimmst du …« oder auch »Ihr habt schon …« Nur das Dröhnen des Verkehrs, der Busse und der Motorräder unterbrach die Schimpftiraden. Die Gefechtslinien verliefen zwischen den beiden Söhnen sowie den Elternteilen: Der eine verteidigte die Mutter gegen den trinkenden Vater und klagte diesen wegen seiner Aggressionen und seines in jeder Hinsicht erbärmlichen Versagens an. Der andere, der den Hang zum Rum als unliebsames Erbe erhalten hatte, wetterte gegen die Mutter: Nie habe sie ihn unterstützt, sondern immer den Bruder bevorzugt mit seinen guten Noten, seinen Hockeyerfolgen. Verhätschelt habe sie allein den anderen, dabei den Vater und ihn im Stich gelassen. Kein Wunder, dass sie nun mit einem Mann dasäße, der keine Liebe mehr für sie empfinden könne.

Angesichts dieser Gefechtslage erschien ihnen ein

Herr Fernandes mit seinem Angebot wie ein gottgesandter Friedensfürst. Er hatte sich mit den Herren Kapoor und Mistry zusammengetan, um gemeinsam so viele Grundstücke wie möglich zu bekommen: Die Katholiken vertrauten Fernandes, der versicherte, dass in ihren Häusern auch in Zukunft nur Christen wohnen würden. Kapoor erläuterte den Hindus, welche Vorteile es hätte, noch mehr Häuser zu bauen, die nicht nur Katholiken vorbehalten seien, und Mistry, ein eleganter Parse, bearbeitete die Familien in den wohlhabenden Stadtteilen Breach Candy und Malabar Hill, wo zumeist Parsen, Muslime oder Jains, Anhänger einer weiteren in Indien verbreiteten Religion, wohnten. Zu Rosas Vermieter kam selbstverständlich Herr Fernandes. Sein Vorschlag: Die Familie sollte ihr Grundstück und die Villa Barbara aufgeben, damit an gleicher Stelle statt des alten Hauses ein sechsstöckiger Komplex mit fünfzehn Wohnungen gebaut werden konnte. Drei Wohneinheiten sollten an die Vermieter und eine an Rosa gehen.

»Ein Geschenk des Himmels«, sagte die Vermieterin. »Endlich! Ich habe jeden Tag den Rosenkranz gebetet, und jetzt ist es passiert.« Es stimmte, Rosa hatte sie wirklich beten hören und wusste, weshalb. In der einen Wohnung konnte nun sie mit ihrem älteren Sohn leben, in der anderen der Mann mit dem jüngeren, die dritte würde vermietet, um so die laufenden Kosten zu decken. »Das Dienstmädchen muss sich dann zwischen uns aufteilen«, sagte sie, »aber zumindest muss ich nicht mehr mit dem da zusammen unter einem Dach leben.« Außerdem würde sie nie wieder von Überschwemmungen durch den Monsun heimgesucht, der sich in vielen Jahren seinen Weg ins Erdgeschoss der Villa Barbara gebahnt und es unter Wasser gesetzt hatte. Das Angebot von Fernandes sei die perfekte Lösung für alle ihre Probleme, und sie bat Rosa, ebenfalls zuzustimmen, weil sonst der ganze Deal scheitern würde.

Es waren nicht nur die Häuser, die uns in Bandra verändert vorkamen. Aus den sandigen Straßen, auf denen nur selten ein Auto gefahren war und auf denen ein paar Hunde, Katzen, Schweine und Kühe herumstreunten, waren weitgehend tierlose, dafür geschäftige Wege geworden. Schwarz-gelbe Rikschas fuhren zuhauf herum; neben den üblichen Fiats und Ambassadors hupten sich inzwischen kleine Marutis durch die Kolonnen. Familien stapelten sich zu dritt, viert und gar zu fünft auf indischen Bajaj-Rollern, die aussahen wie Retrovespas. Man musste ständig aufpassen, nicht überfahren zu werden oder in einem Schlagloch zu versinken. Früher hatte sich alles Hektische, alles Geschäftige und vor allem alles Wichtige bloß im sogenannten Stadtzentrum abgespielt, in Colaba oder am Nariman Point, jenseits des edlen Malabar Hill, wo die Parsen ihre Geier für die Begräbnisrituale in den Türmen des Schweigens hüteten.

»Schau nur«, sagte meine Großmutter, als wir zum Gymkhana gingen. »Dort haben sie einen weiteren alten Bungalow abgerissen und bauen ein Apartmenthaus.« Tatsächlich stand früher an der Ecke der St. Andrews Road ein kleines, geducktes Häuschen. Nun war es weg, und zu sehen waren eine gegossene Betonplatte und ein Baugerüst aus Bambusstäben.

Bauarbeiter in vergilbten, ehemals weißen T-Shirts und mit Lungis um die Hüften brachten in großen, flachen Schüsseln, die sie auf dem Kopf trugen, Beton heran. »Aus der Richtung dort kommt die Meeresbrise«, erklärte Nanna. »Wenn sie jetzt ganz Bandra mit diesen Häusern zubauen, wo soll der Wind dann noch hereinwehen? Es wird schrecklich heiß werden, und jeder meint, eine Klimaanlage einbauen zu müssen. Die Luft wird nicht mehr durch den Wind vom Meer gereinigt, die Verschmutzung nimmt zu, und das alles nur, weil die Leute ihre schönen alten Häuser zu unverschämt hohen Preisen losschlagen.«

Nanna liebte es wie so viele in Bandra, in heißen Nächten nicht in ihrem Bett zu schlafen, sondern auf dem Charpoy, dem Tagesbett, auf ihrer Veranda. Die war groß genug, dass der Captain noch ein Klappbett danebenstellen und sie gemeinsam in den Sternenhimmel schauen konnten. In diesen modernen Häusern sei der Balkon nicht mehr als ein Austritt zum Wäschetrocknen, neulich habe sie gesehen, dass jemand eine Ziege auf der Dachterrasse gehalten habe, für das muslimische Opferfest. »Und das in Bandra«, empörte sie sich. Für eine Ziege allerdings seien diese Balkone groß genug, für Menschen niemals. Ein Bett passe dort nicht hin, und das sei noch ein Grund mehr, weshalb sich nun alle Familien mit Klimaanlagen ausrüsten würden, was am Ende zwangsläufig zum Zusammenbruch des ganzen Stromnetzes führe. »Der Strom fällt inzwischen jeden Tag aus«, klagte sie.

Am nächsten Morgen behauptete Nanna, sie müsse Stoff kaufen. »Für ein Kleid?«, fragte ich. »Nein, nein, für Vorhänge.« »Können wir mitkommen?«, fragten wir, denn uns war ein klein wenig langweilig. Nanna war dagegen. Sie wolle, behauptete sie, ihre Ruhe haben. »Aber wir stören nicht,« versprachen wir. »Wir sind ganz leise.« Nanna hatte bereits ihre kurzen, lockigen Haare gekämmt, ein sauberes Taschentuch ebenso eingesteckt wie ihre Geldbörse und suchte nun nach dem passenden Fächer zu ihrem dunkelroten Kleid. »Nein, ich brauche meine Ruhe,« sagte sie noch einmal, bevor sie es sich plötzlich überlegte. »Warum eigentlich nicht? Zieht euch rasch etwas anderes an, ich warte so lange auf euch.«

Da Nanna eine liebe Großmutter war, aber bisweilen leicht autoritäre Züge zeigte, fragten wir nicht, warum wir nicht in Jeansshort und Flipflops zum Stoffladen gehen konnten. Heute tragen in Indien alle Leute dauernd Flipflops – damals war die Mode noch nicht so weit. Flipflops kosteten keine fünfzig Euro, hießen auch nicht Hawaiianas, sondern schlicht Chapals, und man trug sie besser nicht, wenn man Eindruck schinden wollte. Meine Schwester und ich zogen uns also um und folgten Nanna die Treppe hinunter.

Auf der Straße hielt Nanna eine Rikscha an, was dermaßen gegen ihre eisernen Prinzipien verstieß, dass dieser Ausflug uns verdächtig vorzukommen begann. Sandra sei so beschäftigt, erklärte sie entschuldigend. Und der Captain müsse unbedingt im Club sein Kricketspiel verfolgen und könne uns deshalb nicht fahren. Somit bleibe ihr einfach nichts anderes übrig. Sie gab dem Fahrer Anweisungen, geradeaus bis zur weiß getünchten St. Andrew's Church zu fahren, die über den Klippen des Meeres stand. Nannas dünne Hand, an der sie wie immer zwei goldene Ringe trug, einen mit einem Diamanten und einen mit einem Rubin, umklammerte die Stange der Rikscha.

Wir fuhren am Möbelgeschäft vorbei, das, wenn nicht gerade Weihnachten war, verlassen und unspektakulär wirkte, und an Patels Gemischtwarenladen, und als wir um die Kurve beim Kricketplatz bogen, mäkelte Nanna, der Fahrer sei viel zu schnell, viel zu rücksichtslos. Bei der Mount Carmel Church stachelte sie ihn dann an, schneller zu machen. Soll heißen: Nanna war für einen gewöhnlichen Stoffeinkauf viel zu schlecht drauf. Sie schimpfte zwar mit dem Rikschawalla, weil er die Uhr nicht eingestellt hatte und er ein Halsabschneider sei, gab dem armen Mann in seiner dreckigen braun-grünen Uniform am Ende aber dennoch ein gutes Trinkgeld. Wir waren da. Beim Stoffgeschäft, das rein zufällig schräg gegenüber der Villa Barbara lag.

»Wisst ihr, nächstes Mal, wenn ihr kommt, wird dieses Haus nicht mehr stehen«, sagte Rosa. Ihre grauen Haare hatte sie gerade gewaschen, und es war einer der seltenen Momente, in denen ein langer, feuchter Pferdeschwanz über ihrer Schulter hing, statt fein säuberlich hochgesteckt zu sein. »Vielleicht ist es besser«, meinte sie. »Es waren ja nicht nur gute Zeiten hier.« Wir hatten es uns in dem roten Kunstledersofa auf der Veranda bequem gemacht, schauten uns noch einmal das Holzgeländer an, die steile Treppe, die an ihm entlang hochführte, und beobachteten Brutus, den Boxer, der im Garten herumstreunte und jeden Händler anbellte, der seine Waren anpreisend vorbeilief. Den Matratzenauflockerer ebenso wie den Kokosnussverkäufer und den Mann, der mit energischen Trommelwirbeln einen kleinen Affen an seiner Kette »tanzen« ließ. Die Milchfrau rief alle paar Sekunden »Milch«, die Gemüsefrau »Gemüse« und der Bananenmann mit seiner monotonen Stimme »Khelawalla«, wobei er das erste »e« dehnte.

»Ich sitze gerne hier auf der Veranda und schaue auf die Straße«, sagte Rosa, während Paula Limonade und Sojagebäck brachte. »Auch wenn hinten ein kühlerer Wind geht. Hier sitze ich und schaue auf alles, was sich dort tut, und alle, die draußen vorbeigehen, sehen mich. Hin und wieder ist ein Freund dabei und entscheidet sich, auf einen Plausch hochzukommen.« Drinnen wie draußen sei sie gleichermaßen zu Hause, erklärte sie, immer schon. Genauso wenig gebe es für sie eine wirkliche Trennung zwischen der Stadt und der Wohnung, weil eines in das andere überschwappe. Und das habe ihr das gute Gefühl gegeben, in einer Stadt zu leben, die ihr gehöre. »Wie es wohl wird, wenn ich nicht mehr hier sitzen kann?«, fragte sie. »Wenn ich die Straße nicht mehr habe, werde ich dann einsam sein?« Die Kinder, fügte sie hinzu, hielten sich doch nur noch selten bei ihr auf.

»Paula hat sich natürlich gleich beschwert«, sagte Rosa. »Weil in der neuen Wohnung, die anders aufgeteilt ist, kein Platz mehr für ihre Pritsche in meinem Zimmer ist. Dabei könnte sie jetzt einen Raum für sich bekommen, sogar mit einem eigenen kleinen Badezimmer.« Aber Paula, die nie alleine geschlafen hatte, wollte nicht plötzlich damit anfangen, erklärte Sandra uns später das Ungemach. Das sei ihr einfach unheimlich, und sie fühle sich bedroht von bösen Geistern und lüsternen Männern. Typisch Paula, fand Nanna. Das Mädchen war schließlich noch nie ganz dicht gewesen.

Rosa zählte weiter die Vorteile der neuen Wohnung auf. Keiner müsse mehr über die Veranda zur Außentoilette laufen. Sie könnten sich eine schöne Küche vom Schreiner bauen lassen, anstatt auf dem alten Herd zu kochen, und sich einen Wasserfilter in die Leitung bauen lassen, damit das Trinkwasser wirklich trinkbar sei. Und den Abwasch nicht mehr am alten Spülstein machen zu müssen wäre ebenfalls eine Erleichterung.

Nanna sah das anders. Sie störten bei den modernen Wohnungen nicht nur die niedrigen Decken, unter denen sich die Tropenhitze staute, oder die zwar modernen, aber viel zu kleinen Badezimmer – insgesamt fand sie die Wohnungen neuerer Machart nicht geräumig genug. Man wisse gar nicht mehr wohin mit dem Personal. »Früher oder später«, jammerte sie, »wird es keine Diener mehr geben, die bei einem zu Hause wohnen und jederzeit zur Verfügung stehen.« Ihre Hausangestellten lebten selbstverständlich in der Küche, wo nachts die Bank ausgezogen wurde, oder sie rollten sich dünne Matratzen auf dem Boden aus. Und ja, sie waren jederzeit einsatzbereit, wurden durch die Gegend geschickt und rumkommandiert, was vielleicht mit ein Grund war, weshalb das Personal bei Nanna so oft wechselte.

Solche Argumente vermochten die Villa Barbara nicht zu retten. Was konnte Rosa schon dem verführerischen Angebot eines Bauunternehmers entgegensetzen, zumal die Streitereien unten immer schlimmer wurden. Also unterschrieb Rosa und wurde so über Nacht, und ohne eine Rupie zu investieren, Immobilienbesitzerin. Sie zog mit Paula in ihre neue Wohnung, und beide waren allen Befürchtungen zum Trotz weder unglücklich noch einsam. »Ich bin jetzt mehr unterwegs«, sagte Rosa, die häufig mal bei Nanna vorbeischaute. »Mir wird nie langweilig. Nicht in Bombay.«

Die verfeindete Vermieterfamilie spaltete sich endgültig in zwei Lager auf, das Dienstmädchen kündigte, und zwei andere nahmen ihren Platz ein. Die Söhne zogen irgendwann aus, der eine nach Australien und der andere nach Kalkutta, die Eltern sahen sich nur noch in der Kirche, blieben aber bis ans Ende ihres Lebens verheiratet. Nach ihrem Tod versuchte der ältere Sohn den jüngeren im fernen Melbourne um sein Erbe zu bringen, was jedoch nicht gelang.

Auf der Dachterrasse des neuen Gebäudes, das mit einer Messe unten im Hof eingeweiht und auf den Namen Casa Barbara getauft wurde, standen abends die Schulkinder, sofern sie rausdurften, und ließen ihre Drachen in die Luft steigen. Wie die anderen Kinder der Gegend, denn mit jeder malerischen Villa im portugiesischen Stil, die abgerissen, mit jedem kleinen Haus, das durch ein größeres ersetzt wurde, erhöhte sich die Zahl der Dachterrassen und der Kinder. Von morgens früh bis abends spät klopften Bauarbeiter Häuser kaputt, ihre Frauen trugen den Schutt in flachen Schüsseln auf dem Kopf zur Halde, manchmal sprangen ihre Kinder um sie herum. Baugerüste aus Bambuspfählen wuchsen in die Höhe und mit ihnen die neuen Häuser, die nach zwei Monsunen schon zehn Jahre alt aussahen. Grünspan bedeckte die Wände, der Putz rieb sich an der Kleidung ab, wenn man die Treppen hochlief, Farbe platzte ab, die Steinböden sahen stumpf aus.

Ein lockerer Stein, der aus einem Gebäude gebrochen wäre, hätte niemals mehr einen Priester, ein Schwein und nur noch mit ein wenig Glück ein Mitglied der Familie Pereirra getroffen. Dafür vielleicht einen Bollywoodstar auf dem Weg nach oben, einen Unternehmensberater aus Europa oder einen Schoßhund, der Gassi geführt wurde. An jeder Ecke gab es neue Bars, die Thai-Suppen oder Sandwichs verkauften, Cocktails und importierten Whisky. War man früher in der City ausgegangen, kam die Stadt plötzlich nach Bandra, weil hier die besten DJs auflegten und die coolsten Restaurants eröffnet wurden. Jeder, der konnte, versuchte hier eine Wohnung zu ergattern. Was gleichblieb, waren bloß die vielen Kirchen, in die jetzt noch mehr Menschen strömten, die noch beflissener dem Gottesdienst folgten.

»Dieser Bauboom ist das Beste, was mir jemals passieren konnte,« schwärmte Ron, Roberts Freund aus Jugendtagen, der inzwischen eine der größten Kammerjägerfirmen Indiens betrieb. Jeder Wohnungsbesitzer in Bombay bestellte einmal im Jahr »Pest Control«, um das Heim so kräftig ausräuchern zu lassen, dass keine Kakerlake sich mehr hineintraute. Seine Firma kam den Aufträgen gar nicht mehr hinterher, auch weil Ron auf neue, angeblich weniger umweltschädliche Mittel umgestiegen war. »Aus ein paar Häusern mit wenigen Problemen sind hohe Häuser voller Schwachstellen geworden«, erklärte er seinen geschäftlichen Erfolg. Obwohl ich heute nicht mehr wissen möchte, welches Gift dort verpulvert wurde, war seine Methode sensationell effektiv – nicht einmal habe ich bei Nanna eine Ratte, eine Kakerlake, eine Maus oder sonst etwas gesehen außer Mücken. Das große Geld verdiente Ron jedoch mit Hotels, Restaurants, Kneipen, bei denen er häufiger vorbeischauen musste, weil sie allen voran im feuchtheißen Klima Bombays auf einen Kammerjäger nicht verzichten konnten. So wurde Ron, der vor Jahren mit Robert im Club 2000 abgewiesen worden war, zu einem schwerreichen Mann. Allerdings zu einem mit wachsendem Umweltbewusstsein. »Die größten Probleme für Bombay werden in Zukunft nicht Ausschreitungen sein, auch nicht die falsche Religion oder die falsche Partei oder die falsche Regierung. Deswegen schlagen sich die Menschen nicht die Köpfe ein. Das größte Problem wird nicht einmal diese schlimme Armut sein, die man an jeder Ecke sieht, denn die eigentlichen Probleme kommen noch auf uns zu. Sie bestehen darin, dass wir einfach an unserer Stadt ersticken werden.«

Noch waren Leute wie Ron einsame Rufer in der Wüste. Weiterhin wurde jede Woche irgendwo ein neues Gebäude hochgezogen, wurde gehämmert, gesägt und geschraubt. Trotzdem war das Leben für Hobbyhandwerker weiterhin beschwerlich. In vielen Bereichen mochte britische Lebensweise ja prägend gewesen sein, doch die Neigung der Engländer zum ständigen Umbauen, Ausbauen, Renovieren und Do-it-yourself-Heimwerkeln fasste genauso wenig in Indien Fuß wie ihre Vorliebe für Roastbeef. Weit und breit gab es keinen Baumarkt. »Irgendwann hätte ich gerne einen richtigen Werkzeugkasten«, sagte einer unser Cousins, der einer Verbindung einer unserer zahlreichen Tanten mit einem unserer ebenso zahlreichen Pseudoonkel entstammte. Die in Indien übliche Verbundenheit selbst mit entfernteren Verwandten führte dazu, dass wir ihm diesen Wunsch erfüllen wollten. Sofort. »Wo kriegen wir denn so einen Werkzeugkoffer her?«, fragte ich den Captain, der im Hausdress, also in Boxershorts und T-Shirt, seine Zeitung las. Egal wie korrekt gekleidet er vor die Tür ging, in der Wohnung liebte er es bequem. »Wozu brauchst du das?«, fragte er zweifelnd. »Für Steven«, antwortete ich, weil der nächste Woche Geburtstag habe. »Was will er mit einem Werkzeugkoffer«, schimpfte der Captain. »Was sind das nun wieder für Ideen, die diese jungen Leute haben!« Was er an Werkzeug brauche, sei eine Taschenlampe für Stromausfälle und einen kleinen Schraubenzieher, um im Wecker die Batterien wechseln zu können.

»Du besitzt keine Zange?«, fragte ich. »Nein«, sagte der Captain.

»Aber einen Hammer?« – »Nein.«

»Und wenn du ein Bild aufhängen möchtest?«, wollte ich wissen. Er habe, sagte er, schon lange keine Bilder mehr aufgehängt, und falls mal etwas gemacht werden müsse, könne man immer den Wächter von unten rufen – der sei froh, sich etwas dazuzuverdienen. Für alles andere lasse man einen Fachmann kommen. Einen Werkzeugkoffer jedenfalls hielt mein Großvater, wie er mir erklärte, für einen Spleen, einen frivolen

Luxus sogar. Für etwas, was sich die jungen Leute anschafften, ohne es wirklich zu brauchen. Ich dachte nur an die gigantischen Baumärkte in Deutschland und wunderte mich.

»Geh zur Bazar Road«, empfahl Nanna, als der Captain sich zu einem Nickerchen hingelegt hatte. »Dort findest du alles, was aus Metall ist, also auch Werkzeuge. Einen fertigen Kasten mit allem drin allerdings wirst du nicht bekommen.«

Inzwischen war ich alt genug, um ohne Begleitung mit einer Rikscha in die Stadt zu fahren, obwohl meine Großeltern es nicht gerne sahen. Die sogenannte Bazar Road wirkte winzig im Vergleich zum durchschnittlichen Gang eines Vorort-Obi. Zwischen dem »Perfect Juice Center« und dem chinesischen Schönheitssalon sah ich einen dunklen Laden, nicht viel mehr als ein staubiger Verschlag, in dem Nägel im Regal lagen. Die konnten nicht schaden, dachte ich und trat ein. »Ich brauche Nägel«, sagte ich.

»Einen Moment.« Der Verkäufer, ein alter Mann, der von zwei jungen Spunden umgeben war, musterte mich etwas missbilligend, bedeutete den Jungs, sie sollten zum Regal gehen und mich bedienen.

»Welche?«, fragte einer der beiden. Der andere zog aus einem losen Stapel eine Zeitung heraus, die nicht aussah, als sei sie erst am Vortag erschienen. »Pro Größe ein Päckchen«, antwortete ich. Der eine sagte etwas zum anderen, und plötzlich begannen sie geschäftig zu wirken. Der eine zog an kleinen Griffen Schubladen auf, der andere half ihm dabei. Der Alte kommentierte, ohne dass ich ein Wort verstand. Nach gefühlten fünfzehn Minuten lagen Nägel diverser

Größen , teilweise schon rostig, auf dem Zeitungspapier.

Ich schüttelte den Kopf. Was sollte mein Cousin mit fünf unterschiedlich starken Nägeln? Ich versuchte ihnen zu erklären, dass ich so eingeschweißte Plastikboxen suchte mit vielen Nägeln einer Stärke, und zwar für jede Größe eine Box. »Sorry, no packet, only single«, sagte der alte Mann. Keine verpackten Nägel, bloß einzelne. Okay, dachte ich. Die Nägel waren sowieso eher symbolischer Natur. Mein Cousin konnte selbst welche nachkaufen, Hauptsache im Werkzeugkoffer lagen ein paar. Ob sie etwas hätten, fragte ich, um die Nägel hineinzulegen. Eine kleine Kiste. Und ob ich auch einen Hammer bekommen könne. »Nein, nein«, sagte der alte Mann und verwies mich an den Werkzeugladen zwei Häuser weiter, direkt hinter dem Juice Center und den »Beautiful Tailors«, einem klapprigen Änderungsschneider, der in einem winzigen Zimmer im Schneidersitz Knöpfe an Hemden annähte und dabei auf die Straße schaute.

Im Werkzeuggeschäft, wo es nur ein wenig neonheller, aber genauso staubig war wie bei den Nägeln, kaufte ich einen Hammer und zwei Schraubenzieher. Angeblich hatten sie ebenfalls eine Zange im Angebot, suchten jedoch so umständlich, so offensichtlich und so wenig verzweifelt danach, bis ich verstand, dass dieses Geschäft nicht in Zangen machte, und aufgab. Nachdem ich bezahlt hatte, ging ich zurück, vorbei am Juice Center und am Änderungsschneider, und verlangte im Nagelgeschäft Schrauben. Der Alte machte sich dieses Mal keine Mühe, seine Helfer aufzuscheuchen. »Keine Schrauben, bloß Nägel,

Madam«, sagte er. Die Schrauben gebe es im Werkzeugladen zwei Geschäfte weiter. »Ja, ja«, sagte ich, zog wieder los, am Juice Center vorbei und am Änderungsschneider, der mich rätselnd anschaute, und kaufte einen kleinen Mix an Schrauben, der ebenso aufwendig zusammengesucht wurde wie die Nägel in dem anderen Geschäft.

Nannas Rat zum Trotz probierte ich es auch hier mit der Frage nach einer Kiste, einem Koffer oder einer kleinen Truhe, in der ich alle meine Einkäufe unterbringen könne. »Wie wäre es mit einer Plastiktüte?«, fragte der Verkäufer. Kisten bekäme ich ein paar Geschäfte weiter im Plastikladen.

Das Geschäft war nicht schwer zu erkennen, denn vor der Tür stapelten sich Bottiche in allen Farben. Daneben bunte, schiefe Türme aus Badebechern, wie Inder sie benutzen, um sich mit Wasser zu übergießen. Alles, was rund war, gab es beim Plastikmann außer einer verschließbaren Kiste. »Nehmen Sie das hier«, riet er und hielt einen grobmaschigen Plastikkorb über die Ladentheke, so einen wie wir als Kinder zum Spielen bekamen. »Nein, danke«, sagte ich und entdeckte zu meiner Linken einen Laden, der allerlei kleine Metallschüsseln verkaufte. Solche, die man auf einen Thali stellt, also ein silberfarbenes Tablett mit indischem Brot und allerlei Gemüsesoßen zum Tunken. Im Regal hortete der Besitzer Henkelmänner, Brotdosen, einfache Metallbecher und Besteck – und eine Gewürzkiste mit einem Klappdeckel, in die ich mein spärliches Werkzeug legen konnte.

»Wow«, sagte mein Cousin, als ich ihm die Kiste einige Tage später überreichte. Nicht mehr und nicht weniger. Hin und wieder, so berichtete er später, benutze er den Hammer, um gegen eine Wasserleitung zu schlagen. Zum Bilderaufhängen oder Anstreichen lasse er weiterhin jemanden kommen.

»Es ist auch besser so«, meinte Nanna.

Die Rucksackreisenden

Recht unerwartet schickte Nannas Hausarzt sie Anfang 1997 wegen ihrer schwachen Niere ins Krankenhaus. »Sie behalten dich ein paar Tage da, dann geht es dir besser«, versicherte er ihr. Dass er damit letztlich eingestand, nicht mehr weiterzuwissen, dürfte ihm schwergefallen sein.

Bisher war die gesamte medizinische Versorgung meiner Großeltern nach folgendem Muster abgelaufen: Fühlten sie sich unwohl, verschnupft, hatten sie sich den Zeh gestoßen, dann brachte der eine den anderen in die Praxis von Dr. Horatio an der Hauptstraße in Bandra. Sie lag im Erdgeschoss eines verwitterten Hauses, neben dessen Pforte links ein Stand für bunte Glasarmbänder seine Käufer fand. Ebenfalls bunt und vor allem eine Garantie dafür, dass es Dr. Horatio nie an Patienten fehlen würde, war eine mobile Zuckerrohrpresse rechts vom Eingang, deren Betreiber den Saft in alte Flaschen abfüllte und die zu heftigen Darmkrämpfen führenden Verunreinigungen mit einem ordentlichen Schuss Lebensmittelfarbe vertuschte. Hin und wieder lief ein bunt geschmückter Elefant die Straße entlang.

All das stand im krassen Gegensatz zum grau gefliesten, kargen Wartezimmer der Praxis, die insbesondere von den Alteingesessenen besucht wurde. Hier lagen keine Lesezirkelexemplare herum, keine Flyer, die dazu aufriefen, in die individuelle Gesundheitsvorsorge zu investieren. An guten Tagen drehte sich vielleicht der rostige, dreifächrige Ventilator unter der Decke, und eine Sprechstundenhilfe hätte man hier selbst nach langem Suchen nicht gefunden. Behandlungs- und Wartezimmer waren von der Veranda durch halbhohe Schwingtüren getrennt, wie sie in den Saloons aller Westernfilme vorkommen. Tatsächlich hatte Dr. Horatios Praxis etwas durch und durch Spelunkenhaftes, und obwohl es hier dunkel und sauber statt dunkel und dreckig war, musste man damit rechnen, nach dem Eintreten und ein paar Wortgeplänkeln vom »Bad Guy« überfallen und niedergestreckt zu werden. In diesem Fall von dem hochgewachsenen Arzt mit einer dicken, speckigen Hornbrille und buschigen grauen Augenbrauen, der ein beigefarbenes Polyesterhemd trug und keinen Arztkittel selbstverständlich.

»Ich weiß nicht«, behauptete Nanna gerne, »was er genau tut, aber immer wenn es mir schlecht geht, dann gibt er mir einfach eine Spritze, und ich fühle mich gleich viel besser. Was es auch sein mag, was er spritzt – es hilft!« Er machte das mit allen seinen zufriedenen Patienten so. Wäre Michael Jackson jemals nach Bombay gereist, Dr. Horatio wäre ein heißer Kandidat für den Posten des zeitweiligen Leibarztes gewesen. Er spritzte gegen Schnupfen, Husten, gegen Halsschmerzen und gegen Ohreninfektionen. Also gegen Wehwehchen, die im engen Sinne nur symptomatisch behandelt werden können. Nanna jedoch war überzeugt, nach der Intervention von Dr. Horatio geheilt zu sein, egal wovon.

Einige spekulierten, seine Spritzen enthielten Antibiotika. Falls dem so war, darf es nicht verwundern, dass die Welt langsam und von Indien aus kommend gegen alle möglichen Mittel resistent wird. Andere vermuteten, er spritze ein Placebo, und die alten Tanten würden nur deshalb so rasch wieder gesund, weil Horatio ihnen fünf Minuten lang sein Ohr lieh. Eine weitere Gruppe glaubte an Homöopathie, also eine Spielart des Placeboeffekts, während einige ihn sogar als Drogenmischer verdächtigten, der einfach Amphetamine verabreichte. Für mich übrigens die einzig plausible Erklärung, denn wer, wenn kein Süchtiger, würde jemals in solch eine triste Praxis und zu derartig undurchsichtigen Behandlungsmethoden zurückkehren?

Bei uns Kindern verfuhr Dr. Horatio ebenfalls nach seinem Standardverfahren, nur dosierte er den Drogencocktail wahrscheinlich geringer – sei es aus Angst vor dem deutschen Gesundheitswesen oder vor unserem Vater. Jedenfalls ereilte uns niemals die Dr.-Horatio-Langzeiteuphorie, die im Rest Bandras grassierte. Später, als wir älter waren, fragten wir uns, an welcher Universität er jemals studiert haben mochte, wenn sich sein ganzes medizinisches Repertoire aufs Fitspritzen beschränkte. Als Kinder hingegen fanden wir ihn schlicht grausam, weil er uns mit seinen dicken Kanülen wehtat. Selbst sein Stethoskop saß beim Abhorchen kälter auf der Haut als bei unserem Kinderarzt in Deutschland, und auch die Gummibärchen, die dort in einem Glas im Behandlungszimmer standen, fehlten bei ihm. Vielleicht war das mit dem Stethoskop ja nur Einbildung, doch so sehr Nanna Dr. Horatio bewunderte, so sehr fürchteten wir ihn, seine Praxis und seinen Arztkoffer, den er zu Hausbesuchen mitbrachte.

Nach dem Missverständnis mit den Ohrlöchern wuchs unsere Abneigung noch. Wir wollten gerne Ohrringe haben, aber Nanna führte uns nicht zum Juwelier, der uns kurz und schmerzlos mit einer speziellen Pistole Stecker ins Ohrläppchen geschossen hätte – nein, sie nahm uns mit zu Dr. Horatio, der mit einer heißen Nadel arbeitete. In die so präparierten Löcher steckte er kleine Holzspieße, darauf klebte er einen Verband, der mehrere Tage getragen werden musste. Anstatt hübsch und funkelnd sahen wir nun aus wie Versehrte im Lazarett. Selbstredend war unsere Beziehung zu Dr. Horatio danach irreparabel zerstört. Wir taten fortan alles, um nur ja nicht in Indien krank zu werden oder auch nur den Anschein zu erwecken, uns fehle etwas.

Wir umschifften jede Gefahr, vermieden jedes Risiko. Wir kratzten keine Mückenstiche auf, egal wie sehr sie juckten – die Wunde könnte eitern und sich entzünden. Wir aßen nichts, von dem wir nicht wussten, wo es herkam. Wir putzten uns nur mit abgekochtem und anschließend gefiltertem Wasser die Zähne, um den schlimmsten Magen-Darm-Geschichten zu entkommen. Sicherlich half dagegen auch eine Cola. Aber Dr. Horatio würde trotzdem mit seinem metallenen Mehrfachspritzbesteck vorbeikommen, vor unseren Augen eine große Nadel aufziehen und den Durchfall wegspritzen. Wir streichelten keine Hunde, weil sie beißen könnten und wir nachträglich gegen Tollwut geimpft werden müssten. Wir hielten uns von der Sonne fern, damit Nanna uns nicht sofort ins Auto packte und Dr. Horatio, Gnade uns Gott, womöglich vorbeugend ein Serum gegen Sonnenstich fände! Wir ernährten uns von eigens importierten Scheibletten-toasts und kleinen süßen Bananen, die wir jeden Tag frisch geliefert bekamen und selbst schälten.

Die Dr.-Horatio-Spritzenvermeidungstaktik zeigte leider gravierende Auswirkungen auf unser generelles Indien-Reiseverhalten: Wir blieben in sicheren Gefilden, also in Bombay, und besuchten bloß die wunderschöne Rennbahn, um ein paar Rupien auf Pferde zu setzen und winzige Jockeys aus aller Welt kennenzulernen. Wir schlossen mit Parsen Freundschaft, die in riesigen Wohnungen in der Innenstadt lebten und sich die Zeit mit Polospielen vertrieben. Wir gingen zum Strand von Juhu, wo wir keinesfalls im verpesteten Meerwasser schwammen, sondern im maximal chlorierten Pool. Wir tanzten in umgebauten Baumwollspinnereien, die nun angesagte Clubs waren, und nahmen alles mit, solange es nur ungefährlich und in Bombay war. Wenn, so unsere Logik, Dr. Horatio schon der beste Arzt war, den Nanna kannte, wie sah es dann im Rest des Landes aus? In Bombay zu bleiben und garantiert bakterienarmes Wasser zu trinken erschien uns jedenfalls sicherer, als durch das Hinterland zu trecken.

Diesmal wusste allerdings selbst Dr. Horatio nei Nanna nicht mehr weiter und schickte sie ins Krankenhaus. Sand-ra und die anderen brachten ihr die

Mahlzeiten ans Bett, ein Hausmädchen war abgestellt worden, um bei Nanna in der Klinik zu übernachten. All das, was bei uns zu einer normalen Versorgung gehört wie Waschen und Verbandwechseln, das übernehmen in den meisten indischen Kliniken die Angehörigen. Selbst um das Essen kümmern sie sich. Aber alle Liebe und Pflege halfen nichts, Nanna bekam eine Infektion, die Niere wurde schwächer, ihre Lunge auch, und schließlich starb sie.

Es war noch früh im Jahr und kühl, der Sitte gemäß wurde sie schon am nächsten Tag im Familiengrab beerdigt. Polizisten regelten den Verkehr vor der Kirche, weil der Andrang so groß war. Der Captain, der sich bis dahin nicht einmal das Brot zum Frühstück selbst geschmiert und bei jeder wichtigen wie unwichtigen Entscheidung ihren Rat eingeholt hatte, vermisste sie elendig, hielt sich trotzdem tapfer aufrecht wie ein richtiger Gentleman, der er zweifelsohne war. Weiterhin ging er jeden Morgen, bevor die Sonne die Straßen aufheizte und der zunehmende Verkehr Staub und Abgase hinterließ, spazieren und genoss die frische Brise vom Meer. Unterwegs traf er immer den einen oder anderen Bekannten, denn morgendliche Spaziergänge waren in der Altersklasse des Captain ein beliebter Frühsport. Genau genommen galt und gilt das für alle Altersklassen. Kein Wunder also, dass Indien sich zwar mit vielem brüsten kann, nicht aber mit einer Menge herausragender Athleten. Selbst bei den Kricketspielern muss man ständig fürchten, dass sie entweder am Platz anwachsen oder, falls sie sich doch bewegen, vor Erschöpfung zusammenbrechen.

Kehrte der Captain von seinem Spaziergang zurück,

nahm er ein Bad, butterte seinen Toast und las zwei Zeitungen. Hin und wieder traf er sich mit anderen Fliegerveteranen auf einen Whisky. Den Ambassador hatte er abgeschafft und fuhr nun sogar mit der Rikscha zum Buchladen oder zum Arzt. »Wann kommst du?«, fragte er jedes Mal, wenn wir telefonierten. »Wann sehen wir uns wieder?« »Wann besuchst du uns denn?« »Bald«, sagte ich dann und buchte am Ende lieber eine Reise nach Spanien, als zu ihm zu fahren. Indien überließ ich den anderen.

Ich war blind für all das, was das Land mir bieten konnte. Wenn ich an eine Reise durch dieses riesige Land dachte, kamen mir statt der wundervollen Strände, alten Tempel und verlassenen Ruinen, statt der Vielfalt der Menschen und der vielen interessanten Begegnungen die desaströsen Toiletten in den Sinn, die Enge in den Zügen und die darin operierenden »Eve-teaser«, wie verniedlichend jene Männer genannt werden, die Frauen ungebührlich nah auf die Pelle rücken. Mich schauderte es bei dem Gedanken, in einem Bett zu landen, dessen Laken noch nach dem Vorschläfer und den Vorvorschläfern rochen oder das ich mit Insekten und anderem Getiere teilen musste. Und was war, wenn ich hilflos im Himalaja strandete?

Bücher über die Unbilden des Reisens in Indien füllen in jeder gut sortierten Stadtbibliothek Meter um Meter an Regalbrettern. Seit Jean-Baptiste Tavernier mit seinem berühmten Blue-Hope-Diamanten und ein paar guten Reisegeschichten in der zweiten Hälfte des 17. Jahrhunderts aus Indien zurückkehrte, lässt sich im Genre der »Wir-reisen-durch-Indien«-Literatur nachlesen, wie beschwerlich ein solcher

Trip sein kann. Der Fantasie sind da keine Grenzen gesetzt. Es gibt Bücher von Menschen, die mit einem alten VW-Käfer durch Indien gefahren sind, mit dem Zug unterwegs waren oder gar zu Fuß durch das Land wanderten. Letzteres hat inzwischen die Gattung »Wir sehnen uns nach Indien« verdrängt, die von einem mystischen Reich oder von einem Morgenland voller Gold und Edelsteine träumende deutsche Romantiker einst nach Indien zog. Jeden Tag geht die Wanderbewegung aufs Neue los, und grob gesagt lassen sich die Ausländer, die dieses großartige und zugleich so mühselige Land bereisen, in vier Kategorien einteilen: die Geschäftsleute, die Kulturfraktion, die religiös Suchenden und schließlich die Rucksacktouristen.

Den geringsten Genuss aus ihrem Indienbesuch zieht die Gruppe der Geschäftsreisenden. Sie steigen aus dem Flugzeug, werden von einem Fahrer abgeholt und verbleiben die meiste Zeit in einer Blase aus Fünfsternehotels und Besprechungszimmern, sehen vielleicht mal aus dem Fenster oder gehen abends in eine Bar. Aber im Grunde absolvieren sie ihr Programm im Schnelldurchgang, kaufen ihre Souvenirs im Duty Free und ärgern sich nicht darüber, dass es dort nur Whisky aus Schottland gibt, aber keinen indischen Rum oder Wein. Sie haben, falls sie überhaupt motiviert sind, nicht ganz als grobschlächtige Stiesel aufzutreten, Bücher über die Geschäftsgepflogenheiten im Gepäck. Ein nützlicher Reiseführer für die »Business Class«, nicht dicker als ein Pamphlet, klärt darüber auf, dass die Benimmregeln in Indien im Vergleich zu anderen asiatischen Ländern deutlich verwestlicht sind und Visitenkarten recht formlos ausgetauscht werden. Er warnt vor den überzogenen Erwartungen, die deutsche Firmen an den indischen Markt haben, und spricht das mulmige Gefühl an, das einen wegen der vielen üblen Geschichten über Kofferdiebe befällt. »All das, was so über Indien berichtet wird, gibt es zwar wirklich, das meiste aber nicht dort, wo Sie sich als Geschäftsreisender aufhalten.« Fehlt nur der zarte Hinweis, dass man da auch nicht »Mahlzeit!« ruft, sobald der Zeiger der Uhr gen zwölf wandert.

Üblen Kofferdieben und anderen gewieften Trickbetrügern weitaus mehr ausgesetzt sind die Reisenden der gehobenen Kulturfraktion. Die deutschen »Silverliner« also, Menschen jenseits der sechzig, die mit genug Neugier und Entdeckerwillen ausgestattet sind, um sich abenteuerliche Geschichten erzählen zu lassen. Italien hatten sie schon abgegrast, bevor *Man spricht Deutsch* oder *Go Trabi Go* herauskamen, außerdem finden sie Venedig ziemlich verdorben, seit die großen Kreuzfahrtschiffe am Markusplatz vorbeiziehen. Für Flussreisen auf der Donau fühlen sie sich etwa zwanzig Jahre zu jung, und wenn sie ehrlich sind, trauen sie den Osteuropäern noch immer nicht ganz. Die lange Reise nach Japan und Argentinien wiederum ist ihnen in Anbetracht ihrer einsetzenden Malaisen zu riskant, in Kenia und den USA waren sie bereits mit den Kindern. Dennoch plagt sie das Fernweh. Und das muss irgendwohin.

Da fällt ihnen ein, dass es nach Bombay nur sieben bis acht Flugstunden sind. Sie erinnern sich an eine

Dokumentation, die sie mal im TV gesehen haben, oder an ein Gespräch, das sie im Golfclub belauschen konnten. Darüber wie schön Indien sei, wenn man es nur richtig bereise. Ähnlich wie in Ägypten, das sich wunderbar von einem Nildampfer aus kennenlernen lasse – mit Stopps in Assuan, Luxor und Kairo und dann ins Ressort nach El Gouna –, könne man das auch mit Indien machen. Nur dass man hier die Vorteile des ausgedehnten Bahnnetzes nutze und mit dem Luxuszug durch die Landschaft schaukle.

Ein klar abgesteckter Rahmen. Im »Palace on Wheels« hat man eine eigene Kabine, es wuseln mehr Angestellte herum, als man es von zu Hause gewöhnt ist, und alles ist gut durchorganisiert. Irgendwann im Laufe der Reise beschleicht die bildungshungrigen Rentner, die sich wirklich für die Schätze des Landes interessieren, des Nachts, wenn sie dem Rattern der Räder zuhören, ein schlechtes Gewissen. Im komfortablen Zweibettabteil zu liegen, sich rund um die Uhr bedienen zu lassen, während draußen die armen Landbewohner auf den Feldern schuften? Geht das überhaupt? Man hört schließlich viel über verzweifelte Bauern, die sich mit Pestiziden das Leben nehmen, weil sie ihre Schulden nicht mehr zahlen können. Der allgegenwärtigen Armut, dem Elend der Bettler, die zum Teil verstümmelt oder von Krankheit gezeichnet durch die Straßen gehen, den Wanderarbeitern, die mit ihren Familien auf Baustellen oder Gehsteigen leben müssen – dieser sichtbaren Armut und dem unverhüllten Elend, dem Dreck und den Ratten begegnet man auf einer Indienreise überall. Die Kulturreisenden verleitet das dazu, bei den vorweihnachtlichen Spendenaktionen auch Projekte in Indien zu bedenken.

Dank ihrer Kaufkraft und der vielen Kinder und Enkel, denen sie ein Souvenir mitbringen möchten, vor allem aber wegen ihrer totalen Unfähigkeit, anständig zu feilschen, sind diese Reisenden die große Freude aller Gewerbetreibenden des gehobenen Kitschsegments. Ich durfte einmal dabei sein, als die *MS Deutschland* im Hafen von Bombay lag. Ein älterer Held der Volksmusik und des Weiteren ein Publikum, das man sich eher beim Berliner Waldbühnenkonzert der Philharmoniker vorstellt, kamen ebenso erschöpft wie glücklich von einem No-contact-Landausflug zurück, bei dem sie mit einem Reisebus durch die adretten Ecken der Stadt gefahren worden waren. Immerhin gibt es in Bombay wunderbare neogotische Gebäude zu sehen, ein großes Kricketfeld mitten in der Stadt, eine Bucht, die besser aussieht, als sie riecht. Häuser der Art-déco-Epoche, die am Marine Drive liegen, eine fabelhafte Rennbahn und ein paar Wohntürme der Extraklasse. Wer mag, kann zudem geführte Touren durch den Slum buchen, doch den Ausflüglern an diesem Tag wurde das erspart, und nach einer kurzen Rast durften sie eine Modenschau traditioneller indischer Gewänder bewundern und, besser noch, alles kaufen, was schlanke, wenngleich nicht allzu junge Models – wegen der besseren Identifikation – vorführten. Dezent gebräunte Damen mit pinkem Lippenstift rissen sich gegenseitig die Waren aus der Hand. Mundwinkel zuckten nervös, weil jemand anders statt ihrer vielleicht den Stoff mit den eingearbeiteten Goldstreifen kaufte oder ihnen den aufwendigen Seidenschal und den bequemen Kaftan mit Goldfäden wegschnappte. Ja, wer es als Händler mit den Kulturreisenden zu tun hat, der braucht sich um seine Zukunft nicht zu sorgen. Den stört es nicht, dass sie das Land nur von außen betrachten und nicht versuchen, die Welt aus seiner Perspektive zu sehen.

Mit diesem frommen Wunsch haben viele Altersgenossen der Kulturfraktion einst Indien erkundet. Und heute noch betreten Horden von Westlern das Land, die – verunsichert in ihrem Leben daheim – in Indien spirituelle Erleuchtung suchen. Entweder pilgern sie zum Sai Baba nach Auroville oder, besser gesagt, zu dem, was von diesem Kult nach dem Tod des großen Idols übrig geblieben ist, nähern sich dem Dalai Lama, der sich in Dharamsala eingerichtet hat, oder kehren beim Osho Ashram in Pune ein, früher auch als Baghwan bekannt.

Bereits damals kam ein nicht geringer Teil derjenigen, die im gepflegtesten Viertel Punes hinter hohen Mauern ihr Seelenheil suchten, aus Deutschland. Das sah man schon an der Auswahl, die die Secondhand-Buchhändler bereithielten: Ken Follets *Die Nadel* etwa und Salman Rushdies *Mitternachtskinder*, beides auf Deutsch. Praktischerweise lag der Buchstand genau gegenüber der später zerbombten »German Bakery«, wo Schwarzbrot und anderes Gebäck verkauft wurde an all jene, die kein Naan mehr sehen konnten. Die armen Suchenden quälten sich durch Ghee- und Fastenkuren, durch Darmspülungen und endlose Gebete. Dennoch kehrten nicht wenige enttäuscht zurück, weil die ersehnte Erleuchtung ausblieb.

Offenbar hatten sie zu Hause, als sie im kühlen Moos des deutschen Waldes lagen und Hermann Hesses *Siddartha* lasen, eine falsche Vorstellung davon entwickelt, was sie in dem Land erwartete. Oder wie ein Berliner Anwalt es mir einmal auf einem Charlottenburger Spielplatz erklärte: »Ich habe mich wochenlang auf einen Berg gesetzt und in die Gegend geschaut. Als ich damit fertig war, merkte ich, dass das nichts für mich war.« Eine bewundernswert entspannte Haltung gegenüber dem Scheitern bei dieser Mission! Hätten sie andere Bücher als Hesse gelesen, beispielsweise E. M. Forsters *A Passage to India*, wäre ihnen vielleicht eher aufgegangen, dass sich die Suche nach dem eigenen Ich im wahren Indien schwierig gestalten dürfte. Gerne Ravi-Shankar-Musik zu hören und scharfes Essen zu mögen reicht nicht.

Die richtigen Indienerkunder, die Traveller, die Abenteurer, findet man nicht im Fünfsternehotel und im Orient-Express-Verschnitt, auch nicht im luxuriösen Ressort in Goa oder im Yoga-Spa, sondern dort, wo es heiß ist und nach Land und Leuten riecht. Wo alle naselang ein Teeverkäufer vorbeikommt und wo sich gelegentlich die zuvor erwähnten Kofferdiebe zu schaffen machen, nämlich im Schlafwagenabteil der indischen Eisenbahn. Wo auf Dreifachstockbetten hinter vergitterten Fenstern müde Geister liegen und in die Schönheit der indischen Landschaft starren: die Kinder der Kulturtouristen, die unbedingt vor ihren Eltern, aber mit deren Geld durch Indien ziehen wollen – das Gegenteil von Landungsklatschern, All-inclusive-Buchern und Lebensmittelmitnehmern. Es sind die Rucksackreisenden.

Mir machen Unterhaltungen mit ausgewiesenen Vertretern dieser Lebensweise eine Heidenangst. Immerhin reisen diese Leute drei Monate oder mehr durch das Land, frei von Furcht vor Dr. Horatio und seinem Spritzbesteck. Sie haben eindeutig mehr an Bahnkilometern zurückgelegt, als ich es jemals tun werde, und wissen, wie der Sand an den Stränden der Ostküste rieselt, haben Erinnerungen an den Morgentau in Darjeeling. Sie kennen das ganze indische Golden Triangle zwischen Agra, Delhi und der pinkfarbenen Stadt Jaipur und reisen bis in den letzten Winkel Rajasthans. Ich dagegen habe es lediglich von Delhi bis zur imposanten Festung des Amber Fort geschafft. Und nein, ich war noch nie am Taj Mahal. Ein Versäumnis, eine Dummheit, die Rucksackreisende nie begehen würden. Aber mit dem großen Mausoleum aus Marmor ist es bei mir wie mit Schloss Neuschwanstein. Ich weiß, dass es da ist, und ich weiß, dass ich jederzeit hinkann. Nur habe ich bisher nicht die Zeit gefunden und nicht die Energie aufgebracht.

Auch bei all den Geschichten über berauschenden Bhang-Lassi-Konsum in Varanasi oder Kiffen in Kerala kann ich nicht mithalten. Und ich saß niemals auf einem Kamel in der Wüste von Rajasthan, was ich allerdings, nachdem ich all die Erzählungen darüber gehört habe, nicht bereue, weil ich weder von Wüsten noch von Kamelen besonders angetan bin. Keine Gruppe von Menschen urteilt strenger über mich als die verwegenen Abenteurer, die sich von Bombay aus in alle Himmelsrichtungen durchschlagen. »Warum bleibst du um Himmels willen in dieser überfüllten

Stadt, das ist ja furchtbar«, sagen sie, sobald sie mich als Halbinderin enttarnen. Sie spotten über meine partielle Unkenntnis , über meine Vorliebe, in Bombay ein Taxi statt des Zuges zu nehmen, über meine Weigerung, ohne Toilettenpapier auszukommen. Und weil Häme und Spott nie gut ankommen, verachtete ich meinerseits die Rucksackreisenden, bis ich Manja aus Leipzig traf. Oder besser: Aus der Nähe von Leipzig, denn nicht einmal das war ihr vergönnt gewesen, aus einem halbwegs bedeutenden Ort zu kommen.

Sie trat auf dem Sommerfest der Familie Jansen in unser Leben. Maria Jansen war mit mir zur Schule gegangen, und ich freute mich, als ich in der Lokalzeitung eine Ankündigung las, dass am 30. August 1997 im Café Rapsblüte wieder die alljährliche Hofparty stattfinden sollte. Die Familie lebte nicht wie die meisten meiner Schulfreunde in Krefeld, sondern ein wenig weiter draußen hinter den letzten Häusern der Stadt. Dort wo der Niederrhein sich mit seinen Kohlfeldern und Starkstromleitungen platt bis zum Horizont zieht und in seiner Eintönigkeit so verwechselbar aussieht, als könne es sich genauso gut um eine Flusslandschaft in Polen oder Belgien handeln. Der Bauernhof lag hinter dem Ortsausgang, kurz hinter dem Windrad, das aus heutiger Sicht lächerlich klein wirkt. Damals, also 1997, galt es noch als ausgesprochene Kuriosität, nicht wenige hielten es für gefährlich und sollten damit sogar recht behalten, weil ein Rotorblatt bei einem Sturm abbrach und durch die Decke einer Wurstfabrik donnerte.

Die Großeltern von Maria hatten auf dem Hof aus dunklem Backstein noch Land- und Viehwirtschaft betrieben, Rüben angepflanzt und Kühe gehalten, Hühner und Schafe, doch die nächste Generation verwandelte den Kuhstall in ein helles, freundliches Bauerncafé, in dem samstags Hochzeiten stattfanden, sonntags ein großer Brunch. An das alte Wohnhaus grenzte ein Rosengarten, von der Terrasse vor der ehemaligen Scheune aus konnte man die nächste Siedlung erkennen, hinter der langsam die Sonne unterging. In der Nähe trabten ein paar Pferde herum, denn die Nachbarn hatten ihren Besitz in einen Reitstall verwandelt.

In diesem Sommer nun besuchte der Enkel von Dr. Horatio Europa, ein leicht übergewichtiger Fünfundzwanzigjähriger, der sich, anstatt wie alle in der Familie Medizin zu studieren, auf Wirtschaft verlegt hatte und nun seinen MBA machen wollte. Und ich hatte diesen Langweiler an der Backe, der neben Baseballkappe, weiten Hosen und Rapper-Bling-Bling-Armband zu allem Überfluss noch einen Schnauzbart in seinem Bübchengesicht trug. »Lass mich bitte, bitte ohne ihn gehen«, flehte ich meine Mutter an, denn Horatio junior junior war mir nicht viel sympathischer als sein Großvater. »Der Typ ist ein Macho, eine Last, was soll ich bloß mit ihm anstellen, er ist mir peinlich!« Meine Mutter jedoch blieb hart und bestimmt wie Nanna in ihren besten Zeiten. »Horatio junior junior ist unser Gast, und wenn er nicht geht, dann gehst du auch nicht.« Also nahm ich ihn mit, obwohl er selbst so seine Vorbehalte hatte. »Normalerweise fahre ich nicht gern mit Frauen Auto, sondern lieber selber, aber hier mach ich mal eine Ausnahme …«, sagte er und hielt sich am Handlauf über dem Fenster an der Beifahrerseite fest. Ich fuhr ihn unfallfrei zum Anwesen der Jansens und schleppte ihn mit in den Innenhof, wo ich Maria suchte.

An den Bierbänken und Cocktailtischen, über die weiße Hussen gespannt waren, palaverten die Erwachsenen und offiziellen Raucher, hinter der Scheune standen die heimlichen Raucher aus unserem Jahrgang, die inzwischen fast alle zum Studium aus Krefeld weggegangen waren. Am Grill entdeckte ich ein dürres Mädchen, das nicht zu unserer Klasse oder unserer Schule gehörte und sich nicht geschminkt hatte, nicht ein kleines bisschen. Statt der üblichen endneunziger Föhnfrisur hatte sie ihre blonden Haare mit rotem Henna aufpoliert und statt der Levis-501-Jeans und des dazu passenden Polohemds trug diese leicht gebräunte, vom Ansatz her eher blässliche Person eine knallenge lilafarbene Röhrenhose, dazu eine schwarze Bluse, die aussah, als sei sie von einer Oma geklaut. Um eine Fessel war eine Fußkette geschlungen, aus den Sandalen lugten dunkel lackierte Zehennägel hervor. Auf Maria hatte dieser Look offenbar schon ein wenig abgefärbt, denn ihr Kleid war ein lässiger Baumwollfummel in mattem Grün, wie ich ihn von indischen Straßenbasaren her kannte.

»Ich esse seit über einem Jahr kein Fleisch mehr«, sagte die Rothaarige zu Marias Bruder Julian, der hinter dem Grill stand. »Gar nicht!«

»Warum?«, wollte der wissen. Er studierte in Marburg Jura, war dicklich, blässlich, hatte dunkle Augenringe, politische Ambitionen – man munkelte, er sei der Jungen Union beigetreten – und zeigte wenig Sinn für Toleranz und erst recht nicht für andere Lebensweisen. Ihm waren die Menschen, die sich in der Mensa für zusammengepressten Tofu entschieden, ziemlich fremd. Jedenfalls passte diese leicht selbst gestrickt wirkende kleine Vegetarierin in die Reihe derer, die er als »Körnerfresser«, »Ökos« oder einfach »Spinner« abtat.

»Also«, sagte sie. »Wegen der Tiere und wegen der Umwelt. Diese vielen Rinder stehen herum und pupsen in die Luft – wenn wir alle kein Fleisch mehr äßen, wie gut würde das der Welt tun!« Auch wenn daran viel Wahres war, beeindruckte es Julian nicht.

»Was sollen wir denn sonst essen?«, fragte er und wendete ein Stück Schweinekottelet in Rosmarinmarinade. »Man braucht doch Fleisch, wir sind schließlich Allesfresser.«

»Nein«, sagte das Mädchen, kramte aus einem bunten Jutebeutel Tabak und drehte eine Zigarette. »Braucht man nicht.« Mir fiel zu dem Zeitpunkt ein kleiner Ring an ihrem Zeh auf, der aussah wie der billige Tand, den Touristen in Asien angedreht bekommen. Und dann sagte sie den magischen Satz: »Ich war drei Monate mit dem Rucksack in Indien unterwegs.«

Eigentlich löste die Erwähnung von Rucksackreisen bei mir meist Fluchtgedanken aus, doch diesmal überwog meine Neugier. Außerdem witterte ich die Chance, Horatio junior junior wenigstens für ein paar Minuten loszuwerden. An dieses Mädchen, das freiwillig durch Indien gereist war. Ich hätte alle meine bunten Getränkebons darauf verwettet, dass sie trotz aller Abenteuer einen wie ihn noch nicht getroffen hatte. So einen verwöhnten Knaben, dem der Stand des Umweltschutzes in Indien egal war und der verächtlich auf die Armen seines Landes herabblickte.

»Wer ist denn das?«, fragte ich Maria, als ich mich mit Horatio junior junior zu ihr durchgeschlagen hatte. Das sei Manja, ihre Mitbewohnerin aus Greifswald, wo die beiden Medizin studierten. Manja, die übrigens nicht sächselte, reiste für ihr Leben gern, erfuhr ich. Vielleicht hatte es ja damit zu tun, dass die Leute in der DDR so lange nicht rausdurften. Zumindest sehe Manjas Pass wild bestempelt aus, meinte Maria: Peru, Chile, Thailand und den letzten Trip nach Indien, den hätten sie gemeinsam unternommen. »Du hast mir nie erzählt, wie aufregend es dort ist«, beschwerte sich Maria, und bevor ich zugeben musste, dass mir dafür die Erfahrung fehlte, schob ich Horatio junior junior nach vorne. »Schau, wir haben Besuch aus Bombay.«

»Oh, welcome, Namaste«, sagte Maria, faltete ihre Hände zum Gruß und verbeugte sich leicht.

»Oh, hi there«, sagte Horatio junior junior verunsichert. »Can I get a beer somewhere?« Klar, meinte ich, ich würde es besorgen, da hatte Maria schon Manjas Ärmel gepackt und sie zu Horatio junior junior rübergezogen. »Er kommt aus Bombay.«

Er sei doch bestimmt Vegetarier, begrüßte Manja ihn auf Englisch. »Kannst du diesem Herrn am Grill erklären, dass ihr gut ohne Fleisch auskommt?«

»Ach überhaupt nicht. Ich esse es jeden Tag.« Im Grunde meinte Horatio junior junior, wisse er gar nicht, woher dieser Mythos des indischen Vegetarismus komme. Man müsse nur mal schauen, was die Leute in den Restaurants in Bandra bestellten, dann wisse man Bescheid.

Ich hatte mir angewöhnt, mich auf Partys von Leuten wie Manja fernzuhalten. Also von Männern mit Rastas, die zu einem Dutt gedreht waren, sowie von Frauen mit Zehenringen oder Fußkettchen und von all jenen, die ihre Haare mit Henna färbten. Ich nahm mich sogar vor jenen in Acht, die ungesund dünn und ausgemergelt aussahen. Gut möglich, dass sie frisch von einer sechswöchigen Indienreise zurückgekehrt und allein fünf Wochen von akutem Durchfall geplagt worden waren. Die dürren Gestalten erzählten dann gerne, dass die indische Küche nicht vergleichbar sei mit dem, was man hier in Restaurants serviert bekäme, und dass sie alles probiert hätten, egal von welchem Straßenstand. Und das mit dem Durchfall … Ein betrügerischer Händler, gepanschtes Wasser oder ähnliches Missgeschick – Pech eben. Und weil ich das nicht mehr hören mochte, ging ich diesen Leuten aus dem Weg.

Hinzu kam, dass die meisten der Rucksackreisenden lange Gesichter zogen, wenn ich Bombay nur erwähnte. Es entspricht nämlich einem beliebten Travellerklischee, diese wunderbare Megastadt mit ihren achtzehn Millionen Einwohnern als Vorhof zur Hölle zu betrachten, den man so schnell wie möglich passieren sollte. Vielleicht liegt das daran, dass sie frisch und fröhlich durch die Stadt laufen, nicht feilschen können und überhaupt viel zu wenig in die »Danger-&-Annoyances«-Liste des *Lonely-Planet*-Reiseführers schauen. Dort steht genau drin, was man nicht tun sollte. Sich beispielsweise vom Taxifahrer dazu überreden lassen, in das Hotel seiner Wahl zu fahren, weil die Herberge, die man im Auge hatte, angeblich abgebrannt oder geschlossen sei. Man sollte es lassen, rät *Lonely Planet*, raten einem alle, denn der Fahrer ist nur an einer Kommission interessiert, die er vom Hotelbetreiber erhält.

»Reisen bildet«, sagte Manja, die mich mit ihrer Art, Horatio junior junior zu ertragen, zunehmend beeindruckte. Dafür sei sie bereit, einiges Ungemach in Kauf zu nehmen. Außerdem verkläre sich im Nachhinein sowieso alles, und die Begegnung mit einer störrischen heiligen Kuh erscheine ihr nicht mehr angsteinflößend, sondern eher interessant. Zu Beginn ihres gemeinsamen Trips nach Indien hatten Manja und Maria sich als Slogan für die Reise »Be nice!« ausgedacht. Sie würden die Armut mit ihren geringen Mitteln bekämpfen, mit Bettlern ins Gespräch kommen und herausfinden, was sie tun könnten. »Ich verstehe nicht«, klagte Manja, die noch immer vom Anblick halb nackter Kinder, die im Müll stocherten, negativ beeindruckt war. »Ich verstehe nicht, wie ihr die ganze Scheiße ertragen könnt! Gibst du einem Bettler jemals etwas?«

Junior junior machte sich nichts aus Manjas sozialem Engagement in seinem Land. Im Gegenteil. »Natürlich nicht«, antwortete er. »Erstens haben die Bettler nichts in unserer Stadt zu suchen, das sind alles Leute aus den Dörfern, die sich bei uns breitmachen und von den Politikern als Votebanks gehätschelt werden! Zweitens weiß ich ja nicht einmal, ob der Bettler seine fünf Rupien, die ich ihm gebe, überhaupt behalten darf. Meistens stecken sowieso kriminelle Organisationen dahinter.« Junior junior kam richtig in Fahrt. Seine Augenbrauen zogen sich zusammen, er gestikulierte, und Schweißperlen sammelten sich im Gesicht. »Diesen verdammten Slumbewohnern wurden sogar Wohnungen angeboten, richtige Wohnungen in Häusern, die die Regierung für sie bauen ließ. Und wollten sie dorthin? Nein, lieber bleiben sie in ihrem Dreck sitzen und betteln uns an oder, noch schlimmer, beklauen und verarschen uns. Eine Plage sind sie!«

Manja hörte das nicht gerne. »Wie kannst du so etwas sagen?«, wetterte sie. Schon in Indien hatte sie sich schockiert gefühlt vom Anblick dicker Mütter mit ebenso dicken Kindern, die durch nackte Bettler hindurchzustarren schienen, die keine Regung zeigten, wenn ihnen die absichtlich versehrten Armstümpfe entgegenstreckt wurden oder ein verlaustes, zerzaustes Kind mit einem weinenden Baby auf dem Arm an sie herantrat. Manja erinnerte sich an ihr Entsetzen, gab aber später zu, dass ihr Mitleid im Laufe der Reise erst einer gewissen Gleichgültigkeit und schließlich einer Grundgenervtheit gewichen sei, weil sie von jedem Taxifahrer übers Ohr gehauen wurden. Mit dem Nettsein war es dann selbst bei ihr nicht mehr weit her.

»Wir sind überall so auffällig beschissen worden«, jammerte sie, »dass wir am Ende richtig knauserig waren und jeden Preis noch und noch runterfeilschen wollten. Wie ein Sog wirkte das, und jetzt denke ich oft, dass die paar Rupien, die wir extra hätten zahlen müssen, den anderen mehr genützt hätten als uns.«

Ob sie denn überall zurechtgekommen sei, so als Frau, fragte Junior junior. Er würde seine Schwester auf keinen Fall alleine losziehen lassen. »It's too dangerous for girls«, sagte er und schüttelte seinen Baseballkappenkopf. »Das ging schon«, erzählte Manja. Sie könne zwar nicht zählen, wie oft sie auf den langen Eisenbahnfahrten in den Po gekniffen worden sei, und in Jaipur habe man einmal mit einem Stein nach ihr geworfen, aber im Großen und Ganzen habe sie sich immer sicher gefühlt. Auch weil sie zu zweit waren. Und ihr »Mensch-ärgere-dich-nicht«-Spiel, das sie auf langen Fahrten auspackten, sei eine Attraktion gewesen. Es gibt Männer, die sich jahrein, jahraus im Regionalexpress aus dem Vorort in die Innenstadt zur Kartenrunde treffen, doch zwei Frauen, die ein Brettspiel auspackten, das war etwas völlig Neues. So hatten sie sich unter dem lebhaften Interesse der Mitreisenden und des Chaiwalla, des Teeverkäufers, von Agra bis nach Bombay und von dort aus bis nach Goa durchgewürfelt.

Dort reichte es ihnen endgültig. Dass sie als Ausländer den zehnfachen Preis zahlen mussten, um ein Museum zu besuchen, konnten sie noch ertragen, aber dass die Polizei ihnen unverhohlen ein Erpressungsgeld entlockte, weil sie angeblich ohne gültigen Führerschein auf ihren Mietmopeds unterwegs waren, das wollten sie nicht mehr hinnehmen. Dagegen fiel es kaum ins Gewicht, dass sie sich gefühlte achttausendmal mit indischen Touristen fotografieren lassen mussten, weil Inder ihre Urlaubs- und Ausflugsbilder gerne mit einem weißen Touristen in ihrer Mitte dekorieren. Ansonsten genossen sie das Essen, kriegten Durchfall und kleideten sich von Kopf bis Fuß mit billigstem indischem Tand ein, Pluderhosen, Hüfttüchern und eben mit diesem Kleid vom Straßenrand, in dem Maria genauso aussah, wie der deutsche Zoll sich wahrscheinlich eine naive Drogenschmugglerin vorstellte. Das Fazit der Reise, wie es Manja Horatio junior junior gegenüber kurz und knapp zusammenfasste: »You live in a beautiful country, but at the same time it is full of shit.«

Meine eigene große Reise durch Indien musste noch warten. Bis nach der Pensionierung von Horatio senior. Solange er sich nicht zur Ruhe gesetzt hatte, würde ich mich nur zaghaft durchs Land bewegen.

Von Münster nach Mumbai: der Superprakti

Mir war kalt. Bitterkalt. Jeden Morgen vor der Arbeit wählte ich einen der beiden dicken Pullover aus, die ich für absolute Wetternotfälle mitgebracht hatte. Als meine Mutter anrief, um mich zu fragen, ob sie mir irgendetwas Gutes tun könne, antwortete ich: »Schick warme Socken, Strumpfhosen, Pulswärmer und noch zwei kuschelige Strickjacken!« Denn auf der Suche nach dem perfekten Praktikum war ich in eine der kältesten Zonen dieser Welt geraten, in ein indisches Großraumbüro.

Anfang des neuen Jahrtausends sprachen alle von indischen Softwareprogrammierern und davon, dass das nächste IT-Wunder in ebendiesem Moment irgendwo zwischen Delhi und Bangalore stattfand. Ambitionierte Studenten aus Europa mussten also nach Indien gehen, wenn sie in dieser Branche etwas werden wollten. Früher war das Thema »Indien« höchstens in der Vorweihnachtszeit geballt aufgekommen, wenn in der Kirche für die armen Kinder am Ganges gesammelt wurde. Inzwischen wollte keiner in Deutschland mehr von der Armut dort wissen, obwohl es sie nach wie vor gab. Das erledige sich von selbst, hieß es, wenn die Wirtschaft erst richtig in Schwung käme. Und bei Gott, das tat sie.

Der SENSEX, der Aktienindex der Bombay Stock

Exchange, stieg über sechstausend Punkte, und die Idee, dass Indien aufgehen würde wie ein Kuchen im heißen Ofen, sich aus einem elenden Etwas in einen lukrativen Markt entwickeln könnte, betörte und verwirrte die Manager in Deutschland. Bei dem Gedanken an die angeblich so große indische Mittelklasse, an all die Menschen, die mit deutschen Autos in Supermärkten internationale Markenprodukte einkaufen würden, wurde ihnen ganz schummrig vor Glück. Und sie wollten von diesem Kuchen unbedingt ein großes Stück abbekommen. Mit den Managern wurden die Professoren unruhig, mit den Professoren die Studenten, und so saß ich während der Semesterferien in der indischen Dependance einer deutschen Softwareschmiede und sollte überlegen, wie man bei der Konkurrenz noch mehr Programmierer abwerben könnte.

Verspiegelte Fenster, Neonlicht und halbhohe Trennwände in verschiedenen Blautönen verstärkten in unserem Großraumbüro den Effekt der voll aufgedrehten Klimaanlage. Draußen mochten die erbarmungslos niederprasselnden Monsunregen die Straßen in brackig braune Flüsse verwandeln, Mückenschwärme Dengue-Fieber und Malaria verbreiten, im »Cubicle« aber bibberten wir Studenten aus Deutschland im kalten Luftstrom.

Unsere indischen Kollegen konnten das nicht verstehen: »Du kommst doch aus einem kalten Land«, sagte J. P. Kohli, der sein dichtes Haar mit Seitenscheitel trug und unter anderem dafür angestellt war, den hochbegehrten Fachkräften Dienstwagen zu beschaffen. Eine Aufgabe, die er sehr ernst nahm, auch weil er sämtliche Reparaturen, die an diesen Wagen anfielen, koordinierte, egal wer für den Schaden verantwortlich war. Das gehörte zu den »Perks«, den Lockungen, die man erfand, um Ingenieure an das Unternehmen binden zu können.

»Ja«, antwortete ich. »In dem manchmal Schnee liegt?« Ich nickte. Kohli lehnte mit den Armen auf unserer Trennwand und strich über seinen dichten Schnurrbart. »Look«, sagte er, schaute auf sein dünnes Hemd, auf meinen dicken Pullover und fragte, ob ich denn die Kälte nicht mochte. »Nein«, antwortete ich. »Sobald es kalt wird, machen wir so ein Dings an, das nennen wir Heizung. Sie ist äußerst praktisch, denn dadurch wird jedes Zimmer kuschelig warm!« Kohli blieb skeptisch, vor allem als ich ihm berichtete, man könne die Heizungsschläuche sogar in den Boden legen, dann sei es nicht so fußkalt, »not so cold on feet«. Wozu, wollte er wissen, müsse man einen Raum künstlich aufwärmen? Seiner Meinung nach war es schon warm, wenn das Raumthermometer fünfzehn Grad anzeigte.

Während Kohli sprach, hörte ich das leise Ritsch-Ratsch einer Softies-Packung, die geöffnet wurde. Vor einem großen grauen Bildschirm schnäuzte sich ein Student aus Münster in seine Reserven an deutschem Hygienepapier. Philipp war mittelgroß und eher schmächtig, hatte dichte deutsche Einheitshaare – also von der Farbe, die rauskäme, wenn man den Inhalt eines Salz- und eines Pfefferstreuers vermischte – und graue, leicht tränende Augen, was man sogar durch das speckige Glas seiner Nickelbrille sehen konnte. Er studierte BWL und legte Wert auf die Feststellung, dass Münster eine der besseren Hochschulen des Landes sei. Und darauf, dass er zu den besseren Studenten dieser besseren Hochschule gehöre.

Das Leben in Münster sei sowieso ein Traum, alles so nett und übersichtlich. Er habe dort viele Freunde, die treffe er gerne zum Kartenspielen, und das Beste sei, dass er weiterhin in Waschmaschinennähe zu seiner Mutter wohne. Philipp war der klassische Student, der in früheren Zeiten niemals weiter als bis Hannover oder Hamburg gekommen wäre. Seine innere Schmerzgrenze lag eher bei Innsbruck oder Kopenhagen als bei asiatischen Achtzehn-Millionen-Städten. Entsprechend ging es ihm hier, einige Flugstunden vom mütterlichen Persil-Vorrat entfernt, höchstens mittelprächtig. Was ihn wiederum wurmte, weil jeder Depp an der Uni aus allerlei fernen Ländern zurückkehrte und berichtete, wie bereichernd und aufregend die Erfahrung dort war. Nun saß Philipp also in Mumbai, wie Bombay seit 1996 offiziell heißt, und wartete auf bereichernde Erfahrungen.

Er musste nicht in einem billigen Boarding House leben, sondern hatte im feinen Malabar Hill bei einem verrückten Italiener, mit dem er über drei Ecken verwandt war, ein Zimmer mit eigenem Bad, aber zu seiner Erleichterung ohne Familienanschluss. Riccardo, sein Vermieter, lebte seit immerhin vier Jahren hier, hatte es jedoch als Profi-Expat – bisherige Stationen: Tansania, Slowenien, Australien, Ecuador – geschafft, noch nie indisches Essen probiert zu haben. Er fürchtete sich vor allem, was nicht aus einer Packung stammte, die per Container aus Italien herangeschifft worden war.

»Er glaubt, es würde ihn sofort vergiften«, erklärte Philipp und berichtete, dass Riccardo nach jedem Heimaturlaub die Vorräte an Barilla-Nudeln, Pesto, Arrabiatasoßen und Sugo auffüllte, für die sogar ein separates Zimmer eingerichtet worden war. In Australien und den anderen Ländern hatte er diese Regeln ebenfalls befolgt: niemals im Restaurant essen, nur so viel frisches Obst und Gemüse kaufen wie unbedingt notwendig. Wenn er bei jemandem zu Hause eingeladen war, aß er entweder nichts oder bot an, selber Zutaten mitzubringen und zu kochen. Die Menschen fanden das zwar sonderlich, waren aber neugierig genug auf die italienische Küche, sodass Riccardo nicht so einsam war, wie man es von einem solchen Sonderling hätte annehmen können.

Philipp fühlte sich bei Riccardo trotz der guten Küche nicht besonders wohl. Nie sei es mal still in der Wohnung, klagte er. Obwohl er direkt am Meer wohne, werde dessen Rauschen durch den Verkehr übertönt, und die Küste sehe auch nicht aus, als könne man dort bedenkenlos ins Wasser springen. Bislang hatte er keine Spinnen, Schlangen oder Kakerlaken in seinem Zimmer gehabt, war allerdings sicher, dass das noch folge. Nur einen kleinen Gecko hatte er mal im Flur entdeckt, den sein Vermieter dann verscheuchte.

Philipp und ich sollten zusammen sämtliche Exit-Interviews prüfen, die jemals seit Bestehen der Firma in Indien in Fragebögen erfasst worden waren, und Verbesserungsvorschläge machen. Was könnte man zusätzlich alles tun, um die Leute bei der Stange zu halten? »Es sind nicht nur die indischen Konkurrenten, die wir fürchten«, erklärte uns unser Vorgesetzter.

»Die ganze Welt will Inder einstellen, wie sollen wir da mithalten?« Tatsächlich machte es der Firma zu schaffen, dass alle auf eine bessere Zukunft in Amerika hofften. Besser, weil man dort schneller eine Frau fand. Besser, weil die Kinder eine gute Schule besuchen konnten. Oder besser einfach, weil man in einem eigenen Haus mit Garten leben würde und nicht so dicht gedrängt wie hier. All diese Vorteile vergessen zu machen – nicht nur durch die Bereitstellung eines Dienstwagens – war J.D. Kohlis Aufgabe.

»Wer war das gleich, und was hat er gefragt?«, wollte Philipp wissen, als Kohlis Kopf wieder hinter der Trennwand verschwunden war. Seine Nase, ebenfalls ein deutsches Standardgestell: schlank mit kleinem Knubbel vorne, lief ständig, seit er sich im kalten Büro eine Erkältung geholt hatte. Er litt zudem unter einer Hausstauballergie sowie unter einer gegen Birkenpollen, die leichtes Asthma verursachte. Er war wetterfühlig und neigte zu Beschwerden, wenn die Feinstaubbelastung zu sehr anstieg. Sein Körper war also nicht besonders gut für einen Aufenthalt unter der Dunstglocke Bombays vorbereitet, und er konnte einem schon leid tun. Zumal seine miese körperliche Verfassung seine Stimmung runterzog, was sich in Missmut und Gereiztheit äußerte.

»Wer war das jetzt noch mal?«, hakte er nach. »Die sehen alle gleich aus, und diese Namen kann ich mir genauso wenig merken, sie sind so kompliziert.« Ein wenig kompliziert mochte es ja sein, dass Kohli eigentlich nur Kohli hieß und die Initialen J.D. einfach als Abkürzungen für seinen Geburtsort und den Namen seines Vaters standen. Aber wenn man es einmal kapiert hatte, war es okay. Oder nicht, wie Philipp fand. »Warum können nicht alle Namen auf der Welt so schön eingängig sein wie unsere?« Ich hätte ihn gerne gesehen, wie er dem Security-Mann am Eingang zum Firmenkomplex seinen einfachen deutschen Nachnamen mit einem Umlaut und Esszett für den Passierschein buchstabieren musste.

Neben der Verwirrung um die ähnlichen Gesichter und die Namen litt Philipp darunter, dass er nur jedes zweite Wort des Englisch verstand, das hier gesprochen wurde. Im Leistungskurs in der Schule hatte er eine Eins gehabt – okay, er bekam in fast allen Fächern die Bestnote und war, wie gesagt, auch im Studium einer der ganz Fleißigen. Doch aus dem hiesigen Singsang wurde er nicht schlau. »Sprechen diese Leute wirklich Englisch? Oder ist das einer dieser vielen regionalen Dialekte hierzulande?«, fragte er in seiner ersten Woche.

»Philipp«, antwortete ich streng, weil mein Praktikum schon zwei Wochen länger dauerte als seins, ich außerdem praktisch eine Einheimische war. Deshalb fühlte ich mich Philipp also ziemlich überlegen und befugt, ihn zurechtzuweisen. »Du bist nicht mehr bei Peter und Betty Clark aus deinem Englischbuch!« Ganz unrecht hatte Philipp allerdings nicht, denn die Menschen streuten in ihre Rede gern lauter kleine, indogene Füllwörter ein. »Atscha« etwa, wenn sie etwas verstanden hatten, oder »bass« für genug und »ekdam« für zu viel. Philipp betrachtete das als persönliche Beleidigung.

Jetzt saß er vor dem riesigen grauen PC und suchte im Internet nach Gewerkschaftsvorgaben zur Zumutbarkeit von Kälteeinwirkung am Arbeitsplatz. In Münster, behauptete er, hätte sich längst der Betriebsrat eingeschaltet. Und überhaupt liege hier einiges im Argen, soweit er das nach den ersten paar Tagen überblicken könne. Man dürfe zwar nicht alle Städte der Welt mit Münster vergleichen, aber in Mumbai sei es nun wirklich schlimm. Allein dieses Gewirr am Flughafen, selbst mitten in der Nacht. Als er ankam, habe ihn der Schlag getroffen – mehrere Männer, allesamt kleiner als er, hätten an ihm herumgezerrt und wollten seinen Koffer tragen. Und so eine Taxifahrt wie die zu seiner Wohnung habe er noch nie erlebt. Kein einziger Autofahrer würde hier in seiner Spur bleiben – allerdings sei die ja nicht einmal zu sehen. Dauernd werde gehupt. Tagsüber sei es nur deswegen besser, weil der Verkehr kaum weiterkomme. Dafür liefen zwischen den Autos fliegende Händler herum, die ihm den neusten *Harry-Potter*-Band verkaufen wollten, dabei habe er den schon. Dann die Bettelei der kleinen Kinder, der Dreck, der Gestank nach Mensch, Tier und Abgasen. Wo man hinschaue, nichts als Hütten aus Plastikplanen und offenes Feuer. Nicht oft würde man einen Ort sehen, an dem alles, jedes noch so kleine Ding verbesserungsfähig sei. Hier aber war das, nach Philipps Meinung, genau der Fall. Als Beispiele führte er eine Familie an, die unter einem riesigen Werbeplakat für Fernsehgeräte schlief, oder die Ruine eines Hauses, das unter der Last einer großen, beleuchteten Schokoladenwerbung zusammengebrochen war. Nicht eine Sache habe er hier bislang gesehen, die in Ordnung war.

Ich nahm ihn ins Gebet. Wir beide, er und ich, hätten die Chance, bei etwas Großem dabei zu sein, nämlich der Transformation Indiens zu einer Supermacht der Weltwirtschaft. Es passiere hier und jetzt mithilfe Tausender Programmierer, die alle in diesem Moment bei den gleichen Temperaturen in diesem oder ähnlichen Gebäuden säßen. Und er wolle sich mit solchen Kleinigkeiten wie der Klimaanlage aufhalten? Und das indische Englisch solle er am besten als eine wunderschön anzuhörende, regionale Spielart betrachten, versuchte ich ihn zu begeistern. Philipp schien nicht überzeugt. »Wäre ich nur nach China gegangen«, jammerte er, weil er davon ausging, dass China ebenso voller Menschen und ebenso in einem rasanten Wandel begriffen war, dass dort aber alles geregelt laufe, alles funktioniere. Ganz im Gegensatz zu Indien.

Genau in dem Moment fiel, wie am Tag davor und an vielen Tagen danach, der Strom aus. Die letzten Änderungen in unserem bislang dürftigen Dokument über mögliche Verbesserungen hatte ich vor ein paar Sekunden gespeichert. Jetzt war das Internet weg, das Gebläse der Klimaanlage auch, wir saßen im Dunkeln. »Guck mal«, sagte ich. »In Indien regelt sich alles von alleine!« Philipp gab endlich zu, dass er es eigentlich gut getroffen hatte. Ohne das grelle Licht und die kalte Luft wurde es in unserer Ecke fast kuschelig. So etwas würde er in China sicher nicht erleben. »Holen wir uns einen Tee am Automaten?«, fragte ich, um ihn aufzuheitern. »Ja«, antwortete er. Doch dann fiel uns ein, dass es ohne Strom nichts vom Automaten gab. Wir lehnten uns in den bequemen Bürostühlen zurück und starrten etwa zwei Minuten lang in die Luft.

»Ich gehe schon«, sagte Philipp, als der Strom wieder da war, das Gebläse blies, das Licht leuchtete und die Rechner hochfuhren. Philipp holte gerne Tee am Automaten auf dem Gang. Jede Stunde einmal bot er an, eine Teerunde zu geben, wie er es nannte. Ich wunderte mich über seine Teesucht und die punktuell auftretende Hilfsbereitschaft. Auf das Angebot nämlich, dass er Zigaretten unten am Kiosk kaufen oder meine Tasche tragen würde, wartete ich vergeblich. Er teilte auch nicht seine Softies mit mir, als meine ausgegangen waren, es ging ihm immer nur um Tee. Jedes Mal wenn Philipp vom Teeautomaten kam, war die feine Marmorierung aus seinem blassen Gesicht verschwunden. Er war pink.

Zwei Wochen trank Philipp so viel , dass ich es mit der Angst bekam. Mischte er sich vielleicht etwas in sein Getränk? Und hatten sich auf seinen Zähne nicht erste dunkle Beläge gebildet? »So schnell geht das?«, fragte er und rieb mit dem Zeigefinger über sein Gebiss, dass es quietschte. »Ich dachte, meine Zähne würden eher gelb vom Curry.«

Nach drei Wochen – unser Bericht schlug inzwischen vor, dass die Firma den IT-Spezialisten bei der Schulsuche für ihre Kinder helfen müsse – trank Philipp plötzlich keinen Tee mehr, nicht eine Tasse. Es kam sogar so weit, dass ich selbst zum Automaten ging und ihm anbot, ihm eine Tasse mitzubringen. Oder Zigaretten zu kaufen. Er aber wollte nichts. Nur still dasitzen und arbeiten. Als Hintergrundbild auf seinem Computer hatte er aus Trotz oder

Wehmut die nächtliche Skyline von Schanghai geladen.

»Was ist denn los?«, fragte ich ihn beim Mittagessen in der Kantine. Wir hatten auf unser Blechtablett wie jeden Tag einen knusprigen, scharfen Linsenfladen, den Papadam, und einen dünnen Brotfladen, den Chapati, gepackt. Dass das einfache Kantinenessen in unserer Softwareschmiede besser schmeckte als alles, was man in Deutschland beim sogenannten Inder bekommt, selbst das machte Philipp nicht glücklich. Der Mann hinter dem Tresen füllte Linsen und vegetarisches Curry in die verschiedenen Mulden. Wir setzten uns in eine Ecke. Zu Hause wären Philipp und ich nicht diejenigen gewesen, die einander ihr Herz ausgeschüttet hätten, hier aber waren wir in unserer Andersartigkeit eine Art Schicksalsgemeinschaft geworden. Ich sprach seine Sprache, und er sah mich jeden Tag, also vertraute er mir. »Es ist wegen Radikha«, sagte er, und ich verstand sofort, was er meinte. Er war einer dieser armen Teufel, die sich ständig, jedoch meist erfolglos verliebten. Die ohne ihr Herz zu verlieren, nicht heimisch werden konnten und die umso mehr Enttäuschungen einsteckten, je weiter sie sich von zu Hause entfernten. Wie gesagt, weit gereist war Philipp bislang nicht und das Ganze somit neu für ihn.

»Die Kolleginnen sehen alle so hübsch aus«, sagte er. Die laufen in diesen komischen Flattergewändern herum, wie heißen die gleich?«

»Salwaar Kameez«, antwortete ich. Denn nicht der Sari ist die Standardkleidung der werktätigen indischen Frau, sondern eine Kombination aus einer engen, irre Falten werfenden Hose, einem weiten, langen Oberteil, das meistens bis über die Knie reicht, und einem farblich passenden Schal. Ursprünglich stammt der Salwaar aus Nordindien. Weil er aber traditionell, praktisch und züchtig zugleich wirkt, wird er inzwischen landesweit gerne von Frauen in den Büros getragen.

»Ja, die laufen damit herum, haben alle schöne schwarze, lange Haare und gerade weiße Zähne.« Und von allen habe ihm Radhika am besten gefallen. Ihr Gesicht sei noch etwas runder als das der anderen, die Augen noch größer, und sie habe ihn immer so lieb angelächelt, wenn er Tee holte, sie sitze ja direkt neben dem Automaten. Und nun habe er sich gedacht, er könne sie mal zum Essen einladen oder ins Kino. »Ich bin jetzt schon so lange hier und habe noch keinen einzigen Bollywoodfilm gesehen, da wäre das doch nett, oder?«

»Nett?« Klar wäre es das. Es gab sicher auch viele indische Frauen, die aufgeschlossen genug waren, nur Radhika gehörte nicht dazu. Sie war fünfundzwanzig und wartete darauf, den Mann kennenzulernen, den ihre Eltern für sie ausgesucht hatten. Einen anständigen Doktoranden, der in Australien lebte, wo sie, wenn alles glattging, bald hinziehen würde. Ich wusste davon, Kohli wusste davon, alle wussten davon, bloß an Philipp war das alles vorbeigegangen, weil er ständig über unserem Bericht hing, anstatt Smalltalk mit den Leuten zu machen. »Du musst lernen«, sagte ich, » deine Kollegen zu verstehen und außerdem die erste Regel in indischen Großraumbüros zu beherzigen: Verlieb dich nicht in deine

Kolleginnen, sie sind schon alle vergeben.« Denn selbst wenn die Kollegen Informatik studiert hatten, regelmäßig in die USA fuhren, sich modern kleideten, waren die meisten in Familiendingen traditionell.

Den Partner fanden sie nicht alleine, nicht bei der Arbeit, nicht im Internet, sondern meistens hörten die Eltern über gemeinsame Bekannte von einer guten Partie, oder sie lasen die Partnerschaftsanzeigen der *Times of India.* Eine gute Partie zeichnete sich dadurch aus, dass die Familien aus der gleichen Kaste stammten, was man nun liebevoll »Background« nannte. Hinzu kamen gute Manieren, ein gesichertes Einkommen, keine verrückten Verwandten und vor allem ein günstiges Horoskop. »Love comes later«, lautet ein beliebter Spruch. Er beschreibt, dass man sich früher oder später mit dem, was die Eltern einem vorsetzen, arrangiert.

»Bevor du jetzt völlig versauerst und gar nichts von Bombay siehst«, tröstete ich Philipp, »gehen wir zusammen aus. Am Samstag!«

Samstags lud nämlich Nandana, eine Modejournalistin, die etwa Mitte zwanzig war und einen deutlich älteren Mann zum Freund hatte, in einen Club oder eine Bar ein. Idee des »Saturday Club« war es, ein lockeres Bündnis herzustellen, wo man sich kannte, ohne sich hermetisch abzuschließen. Jeder, der dazugehörte, konnte wieder jemanden mitbringen. Ich durfte an den Abenden teilnehmen, weil Petra mich mitgenommen hatte. Eine Schwedin mit Studium in den Niederlanden, die bei einer meiner Tanten im

Haus wohnte und bei einer amerikanischen Marktforschungsagentur arbeitete.

Petra sah so aus, wie man sich eine Schwedin vorstellte. Syltblond und extrem hellhäutig. Meistens drehten sich die Menschen nach ihr um, aber wahrscheinlich lag es nicht an ihrer Haut oder ihren Haaren, sondern an ihrer unglaublich schlechten Laune, an der sie alle teilhaben ließ. Nicht weil sie ein negativer Mensch gewesen wäre, sondern weil sie sich, relativ neu im Land, in ihrer sozialen Position unwohl fühlte. Während Philipp mit wachsendem Frust ruhiger und leiser wurde, reagierte Petra lauter und harscher. Sie stutzte die Bedienung im Lokal zusammen, wenn die etwas Falsches brachte, sie schrie die Menschen im Callcenter an, wenn es Probleme bei der Umbuchung eines Fluges gab, sie vertrieb die Bettler und hatte bei der Einreise nach Indien bestimmt sogar die Zollbeamten angeschnauzt. Am meisten jedoch traf Petras Zorn den armen Mann, den ihre Firma zusammen mit ihrem Maruti Swift für sie gemietet hatte, damit er sie durch die Stadt fuhr. »Halt hier«, blaffte sie ihn von ihrem Platz hinten links an, als wir vor dem »Coffee Day« an der Turner Road, einer Uferstraße in Bombay, ankamen. Petra und ich hatten mit Philipp verabredet, dass wir ihn hier treffen und mit zum »Sejos« nehmen würden.

Das »Coffee Day« war eine dieser Institutionen, in der Menschen mit einem Handy in der einen und einem riesigen Kaffee in der anderen Hand herumsaßen, manchmal noch mit der Sonnenbrille auf der Nase. Es unterschied sich also nicht großartig von den Lokalen dieser Art in der ganzen Welt. In Bombay gab es ein klimatisierten »Coffee Day« oder einen leicht plüschigeren »Barrista« an jeder Ecke, seitdem die alten Villen Hochhäusern mit Ladenlokalen gewichen waren.

Philipp kam mit seinem Eiscafé heraus und setzte sich vorne in den Maruti neben den unglücklichen Mann, der entweder ein dickes Fell haben musste oder einfach diesen Job dringend brauchte. »Hallo! Ich bin Petra. Wie geht's?«, sagte sie, bevor ich Philipp fragen konnte, ob er sich die Sache mit dem Eis im Frappuccino gut überlegt hatte und das nicht gegen die von Riccardo auferlegte Hausregel: »Wash it, peel it or forget it«, verstieß, die zur Lebensmittelsicherheit des Haushalts beitragen sollte.

Petra wartete Philipps Antwort natürlich nicht ab, sondern pflaumte sofort den Fahrer an: »Willst du ewig hier stehen bleiben? Fahr doch endlich los, mein Gott, ist das alles schrecklich mit ihm.« Petra war nicht besonders geduldig, und jeder Mensch, der sie im Kriechverkehr Bombays herumfahren musste, konnte einem leid tun. »Jeden Tag muss ich mich mit ihm streiten«, klagte sie. »Gestern ist er jemandem reingefahren, im Schritttempo! Heute Morgen hätte er beinahe eine Ziege gestreift, und wenn die Straße frei ist, dann rast er wie ein Irrer!«

Der Fahrer ignorierte Petras Unmut. Er schien die Launen der Expats zu kennen, denen immer eine arrogante Angepisstheit zugrunde lag – die sie aus der angeblichen Unfähigkeit aller um sich herum bezogen. Die Expats, also Ausländer, die von ihren Unternehmen nach Indien geschickt wurden, waren jung, erfolgreich, einige Single, andere kamen als Paar, aber meist ohne Anhang. Der Plan war, so viel wie möglich von der Welt zu sehen, bevor man, wenn erst mal Kinder geboren wurden, zur Rundumgesundheitsversorgung und zur sauberen Luft zurückkehrte.

Weil diese Leute neben der vielen Arbeit auch ein Sozialleben brauchten und nach Möglichkeit die Bekanntschaft einiger Inder aus gehobenen Schichten machen wollten, rannten sie Nandana hinterher, als sei sie ein Zauberer. Sie war jung, hübsch, eine Kreative mit B-Prominenten-Status und deswegen genau die Person, an die sie sich in ihren Heimatländern nie herangetraut hätten und von der sie sich hier in Indien unglaublich geschmeichelt fühlten.

Heute hatte Nandana ins »Sejos« gerufen, ein Restaurant mit Bar und Club. Es lag im obersten Stockwerk eines Geschäftsgebäudes in Bandra. Im Aufzug wechselte die Beleuchtung von hell zu dunkel und von gelb zu lila. Oben wurde man in eine golden-braune Umgebung entlassen, lief durch ein künstliches Gewölbe in den Club, in dem ein Billy-Joel-Song gespielt wurde. Links an der Bar teilten Kellner in Hawaiihemden die Drinks aus, von der anderen Seite der Tanzfläche winkten ein paar Ausländer Petra zu.

Philipp, der eine Bundfaltenhose und sein schickstes Kurzarmhemd angezogen hatte, setzte sich neben Ilse, eine Krankenschwester aus dem holländischen Konsulat. Neben ihr saß Kelly aus Australien, die mit ihrem englischen Freund Christoph nach Indien gekommen war, und in der Ecke wurde Christopher, ein IT-Berater aus New York, gerade von Timmy bearbeitet, dem interessantesten und zugleich abstoßendsten Mitglied des Samstagsclubs. Er wurde gleichermaßen akzeptiert wie von jedem Einzelnen auf Abstand gehalten. So gut es ging, was bedeutete, dass es meistens eben nicht funktionierte. Timmy war Ire und trug an diesem Abend ein wild gemustertes Hawaiihemd. Seine blonden Locken hingen über sein zu großes, zu langes, zu betrunkenes Gesicht. Die ganze Kombination war hässlich, jedoch einprägsam. Wer Timmy einmal gesehen hatte, der vergaß ihn nicht mehr.

Wenn er betrunken war, also eigentlich immer, verkündete er selbst ausgedachte Weisheiten und rückte anderen ganz dicht auf die Pelle, schaute aber konsequent an ihnen vorbei. Meist lästerte er einfach nur über seine Nachbarn, pflegte eine Form des aktiven Nichtzuhörens und Missverstehens, und wenn es ganz schlimm wurde, fing er an, gebrochenes Hindi zu sprechen. Als Einziger der Gruppe lebte er nicht in Bandra, sondern in Worli, wo es wenig schick zuging. Timmy wurde zugutegehalten, dass er nicht von einem Expat-Gehalt lebte und nicht mit der Ausbeutung und Erschließung des indischen Marktes beschäftigt war, sondern Kindern im Slum von Dharavi Computerskills beibrachte. Zur gleichen Zeit fragten sich alle, was Timmy genau hier tat, denn was ein Land voller Computerexperten bestimmt nicht brauchte, war ein grobschlächtiger Ire.

Im Hintergrund flatterte Nandana herum – wie ein Schmetterling, der von Blume zu Blume fliegt. Petra stellte ihr Philipp vor, den sie den Bruchteil einer Sekunde lang abschätzig anschaute, bevor sie ein höfliches, freundliches Gespräch mit ihm begann. Sie stellte ihm Ilse vor, die an diesem Abend wieder so proper und gesund aussah, als lebe sie noch immer an der holländischen Nordseeküste.

Karen und Andrew erzählten mir von ihrer Bekannten, die ein Landhaus in Karjat besaß. »Sie hat sich in den Kopf gesetzt, dort Biogemüse anzubauen«, sagte Karen. »Ich finde es ja gut, nur ob das in Indien klappt?« »Sie macht es ja nicht im großen Stil«, erklärte Andrew, »bloß für ihre Familie und Freunde.« »O ja«, bestätigte Nandana, die dazugekommen war. »Meine Freundin Gouri kriegt man am Wochenende gar nicht mehr zu Gesicht, immer ist sie auf ihrer Farm und besucht ihre Kartoffeln, Möhren und den Spinat. Das macht man jetzt so.« Nandana warf ihre leicht gewellten, perfekt frisierten Haare nach hinten, winkte jemandem an der Bar zu. Sie meinte damit, dass die indischen Superreichen nicht unberührt vom Bioboom in Europa und den USA geblieben waren. »Viele bauen ihr eigenes Grünzeug an und tauschen es mit den anderen. Ein bisschen Gurke hier, eine Wassermelone dort, Hauptsache, man muss nicht das vergiftete Zeug vom Markt essen. Ist doch schrecklich, was alles auf die Felder gesprüht wird.«

Dann war Nanada wieder weg. Ich ging zu Philipp, um nach ihm zu sehen. »Amüsierst du dich?«, fragte ich. Er sollte heute Abend schließlich mal Spaß haben und gute Erinnerungen an seine Zeit in Indien sammeln. Ich hätte mir keine Sorgen zu machen brauchen. Ilse erzählte gerade von Krankheiten, seinem Lieblingsthema, und was sie in den letzten Wochen besonders häufig zu Gesicht bekommen hatte. Darunter waren neben Magen-Darm-Beschwerden, Krätze, Flöhe und Wanzenbefall. Wir hatten bisher eher Angst vor Schlangen, Spinnen und Kakerlaken gehabt und wurden blass. »Das Schlimmste «, sagte Ilse gerade, »das Allerschlimmste ist die Tollwut. Niemand sollte jemals«, warnte sie uns eindringlich mit erhobenem Zeigefinger und einer tiefen Furche in der breiten Stirn, »ohne Tollwutimpfung nach Indien fahren.« Ich hatte genau das getan, und so ängstlich wie Philipp schaute, schien er sich ebenfalls nicht um die entsprechende Rabipur-Impfung gekümmert zu haben. »Tollwut? Wirklich?«, fragte er. »Das gibt es noch?«

»Ja, ja« sagte Ilse. »Wegen der vielen verwilderten Hunde. Sind euch denn nicht die Straßenhunde aufgefallen? Die lauern überall, streng genommen könnten sogar die Kühe Tollwut bekommen, aber die Hunde sind das größere Problem. In Goa beispielsweise sollte man außerhalb der Touristensaison niemals ohne Stock an den Strand gehen. Im Winter fressen sie sich voll, doch sobald die Touristen und ihre Essensreste verschwunden sind, streunen sie hungrig am Strand entlang und beißen sich gegenseitig. Gnade Gott dem Menschen, der einen Fuß in ihr Revier setzt. Wenn dann noch Tollwut dazukommt …« Sie verzog ihr Gesicht zu einer wilden Grimasse, sodass Philipp und ich erschraken. »Falls dich ein Hund beißt, und du bist nicht geimpft, bleibt nur wenig, was man für dich tun kann.«

In den Gläsern, die wir in Händen hielten, klimperten die Eiswürfel im Gin Tonic, ohne dass Philipp und ich es bemerkten. Was war schon eine Lebensmittelvergiftung gegen Tollwut? »Was tut man denn in so einem Fall?«, fragte Philipp, und ich erinnerte mich, dass er vorgestern erst einen Mischling gestreichelt hatte, der mit seinem Rudel vor unserem Bürokomplex lebte.

Ilses rundes holländisches Gesicht glänzte vor Aufregung, die blauen Augen hatten sich bedrohlich verdüstert. »Es gibt zwei Möglichkeiten«, sagte sie, und ihr ganzer strammer Körper bebte. »Die sind beide allerdings nicht besonders toll. Entweder du lässt dich sofort für tausend Dollar mit einem Spezialserum impfen, das aus Blut gewonnen wird – wer weiß aber, welches Risiko man *damit* eingeht.« Sie machte eine abwiegelnde Handbewegung und schaute auf die Tanzfläche, wo lauter ansonsten gesunde Menschen versuchten, Shakira nachzumachen.

»Oder?«, drängte Philipp. »Oder«, setzte sie an, »du fängst den Hund, der dich gebissen hat, tötest ihn und lässt ihn untersuchen. Erst dann weißt du genau, ob er unter Tollwut litt oder nicht. Das gibt dir allerdings lediglich Gewissheit, helfen tut es nicht mehr.«

»Kommt sie wirklich so oft vor, diese Tollwut?«, wollten wir wissen. Uns war ganz mulmig zumute, und wir rückten näher an Ilse heran, weil auf der Tanzfläche alle »Whenever!« und »Whereever!« grölten. Wie hatten wir uns nur ohne Impfschutz in dieses Land wagen können? Warum hatte uns das niemand gesagt? Oder übertrieb Ilse und würde gleich beichten, dass sie einen Scherz mit uns getrieben hatte? Nein. Ilse nahm einen Schluck Rum, schaute uns an und sagte: »Mehr Menschen sterben pro Jahr in Indien an Tollwut als auf der ganzen restlichen Welt zusammengenommen!« Das war es dann mit unserer Hundeliebe für den Rest des Aufenthalts. Weder Philipp noch ich wollten in den nächsten Monaten auch nur *ein* Tier streicheln, keinen Hund und keine Katze, die auf uns zugelaufen kamen. Da konnten sie sonst wie um Zuneigung betteln.

Eine weitere Sache veränderte sich. Ilse nahm Philipp nach dem Abend im »Sejos« in ihrem Taxi mit – er wohnte nicht weit von ihr entfernt, und so musste Petras Fahrer keine Extratour machen. Am nächsten Abend schleppte sie ihn mit zum Chowpatty Beach und erklärte ihm, was er ohne Probleme essen könne und was nicht. Sie zeigte ihm Elephanta, die Tempelinsel, zu der die Boote am Gateway of India ablegten. Die beiden fuhren mit dem Zug nach Goa und beschlossen, bald zum Taj Mahal zu reisen, um es bei Vollmond zu sehen. Ilse brachte Philipp zwei, drei Sätze Hindi bei, die er ausbaute, sodass er mit den Kollegen, deren Englisch er nach wie vor nicht verstand, einen kleinen Plausch halten konnte.

»Wie geht es jetzt weiter?«, wollte ich von ihm bei seiner Abschiedsparty in Riccardos Wohnzimmer wissen, zu der der ganze Samstagsclub gekommen war. Es gab Samosas, Chicken Curry, Biryani, Prawncurry und Daal. Aber auch Pasta mit Barilla-Pesto und selbst gemachter Tomatensoße.

»Keine Ahnung, jedenfalls geht es irgendwie weiter«, antwortete Philipp. »Nächsten Monat fliegt Ilse nach Holland, und wir treffen uns dort. Und wer weiß, vielleicht bewerbe ich mich ja, wenn das Studium vorbei ist, hier bei unserer Firma als Trainee. Dann muss ich sowieso ins Ausland, warum also nicht wieder nach Indien.«

»Wie wäre es mit China?«

»Ach, wer braucht schon China«, sagte Philipp.

Der Mond ging über dem Arabischen Meer auf, Timmy fiel von der Sofalehne auf den Steinboden, Philipp schenkte ihm seine letzten Tuben Odol samtweiß, und für mich, die ich noch eine Woche bleiben sollte, hatte er ebenfalls etwas dabei. Drei Packungen Softie-Taschentücher. »Die eiserne Reserve«, sagte er. »Das Wichtigste zum Überleben im indischen Großraumbüro.

»Ja«, sagte ich. »Taschentücher und Tee.«

»Aber nicht die Liebe.«

»Nein«, antwortete ich. »Die Liebe ist nicht immer das Wichtigste. Vor allem nicht im indischen Großraumbüro.«

Der Monsunregen prasselte auf Malabar Hill nieder, Donner und Blitze knallten. Nicht mehr lange und die Straßen wären wieder überflutet, Häuser und Hütten zerstört oder beschädigt. Philipp würde nach Münster zurückfahren und die Ruhe dort ein bisschen weniger schätzen als vorher.

Shah Rukh Khan und Chai-Tee

Nach Nannas plötzlichem Tod blieben Robert und Sandra uns lange einen Besuch schuldig und führten mehrere Gründe an. Erstens: Sie mussten arbeiten, schließlich hatten sie zusammen ein Reisebüro gegründet, das gerade online gegangen war. Zweitens: Sie wollten den Captain nicht alleine zu Hause lassen. Drittens: Sie mussten dringend zu anderen Verwandten nach Australien. Viertens: Sie müssten neue Koffer kaufen, weil die anderen in Australien geklaut worden waren, als ihre Gastgeberin ihnen auf dem Weg zum Flughafen noch eine charmante Einkaufsstraße zeigen wollte und leider das vollgepackte Auto abzuschließen vergaß, das in einer Parkbucht am Wegesrand stand und nicht im überwachten Parkhaus.

Sie vertrösteten uns auf das nächste Jahr, das übernächste und auf das danach. Sowieso war die Häufigkeit, mit der unsere erweiterte indische Familie zu Besuch kam, dramatisch gesunken. In den Achtzigern wurde das Gästezimmer meiner Eltern noch jede zweite Woche von Menschen belegt, die wir nicht kannten, die aber mit uns verwandt oder auch nur Freunde von irgendwelchen fernen Verwandten waren. Krefeld, dachte ich damals, müsse der Nabel der Welt sein. Welche andere Stadt in unserer Umgebung zog schon so einen steten Strom an internationalen Gästen an?

Doch die touristische Attraktivität Krefelds schien zu sinken wie die rote Sonne im Meer vor Bombay kurz vor sechs Uhr abends, denn es vergingen erst Wochen, dann Monate, in denen wir niemanden mehr vom Flughafen abholen mussten. An der Gastfreundschaft meiner Eltern kann es nicht gelegen haben – sobald nur die Rede von einem Besuch war, fing meine Mutter an, alles so vorzubereiten, dass die Gäste prall gefüttert zu den wenigen Sehenswürdigkeiten am Niederrhein gekarrt wurden und dazu genug Gelegenheit hatten, beim Kaufhof alles zu besorgen, was auf ihrem »Wir-fahren-ins-Ausland«-Einkaufszettel stand. Unsere Schulfreunde wunderten sich stets ein wenig über die große Schar Whisky trinkender Inder, die sie auf unserem Sofa vorfanden, und scheiterten kläglich daran, die genauen Verwandtschaftsverhältnisse zu begreifen. Sie legten die Begriffe Cousine, Tante und Onkel einfach zu eng aus.

Als Bandra zunehmend Anschluss an den Westen fand, verlor unsere mittelgroße deutsche Durchschnittsstadt im Vergleich zu den Urlaubsregionen Europas an Attraktivität. Unsere ehemaligen Besucher reisten zwar wie eh und je nach London, wo jeder die Telefonnummern und Adressen von mindestens fünf Verwandten auswendig aufsagen konnte, aber danach machten sie einen Abstecher nach Rom, nach Barcelona, bevor sie wieder zurückflogen. Meiner Mutter war das nur recht. Sie musste sich nicht mehr über Badezimmer ärgern, die unter Wasser gesetzt wurden, weil die Gäste einen Abfluss im Fußboden gewohnt waren, und keine anspruchsvollen Tanten mehr bewirten, die sich umsorgen und bedienen ließen, als gäbe es auch in Krefeld Personal. Und sie musste nicht ständig sonntags mit Besuchern aus Indien in die Kirche gehen und so tun, als täte sie das regelmäßig, damit der Captain sich nicht wegen seiner gottlosen Tochter grämte. Beim Besuch einer besonders strengen Schwester von Nanna schlidderten meine Eltern einmal an einer echten Katastrophe ganz knapp vorbei.

»Ist Pastor Niemeier noch da?«, fragte Tante Betty, kaum dass mein Vater, der auch nicht jünger wurde und gerade einen Leistenbruch auskurierte, mit letzter Kraft ihren riesigen, schweren Rollkoffer auf den ausgebauten Dachboden geschleppt hatte. Er dürfte unter der Last der achtundzwanzig Chutney- und Picklegläser und des aktualisierten Fotoalbums böse gelitten haben. Denn anstatt richtig zuzuhören und entsprechend zu antworten, überlegte er, ob er wegen seiner Hernie nicht erneut zum Arzt gehen sollte, und sagte einfach nur »Yes, yes«.

Sehr gut, fand die Tante und freute sich schon auf die Wiederbegegnung mit Niemeier, unserem Gemeindepfarrer. Solch treue Kirchgänger wie die Verwandten meiner Mutter suchte er in Deutschland vergeblich, weswegen seine lieben Inder während ihres Aufenthalts am Niederrhein eine Extrabehandlung mit Hausbesuch genossen. Natürlich sei Niemeier noch da, bestätigte meine Mutter, bevor ihr einfiel, dass dieser Priester inzwischen wirklich sehr alt sein müsse, so an die neunzig. Trotzdem behauptete sie, dass die Gottesdienste von Niemeier besonders geistreich und eine ganz große Freude seien.

Am Sonntag saß Betty frisch gepudert und andächtig in der Messe. »Wo bleibt Niemeier?«, flüsterte sie, als ein anderer, meinen Eltern völlig unbekannter Priester ans Pult trat. »Ist er verreist? Oder krank?« Meine Eltern besprachen sich tuschelnd und entschieden, dass es das Beste wäre, bei der Urlaubsvariante zu bleiben. Nach dem Gottesdienst fragten sie eine junge Frau, die mit ihren drei Kindern hinter ihnen saß, was mit Niemeier geschehen sei. »Ich weiß es nicht«, antwortete die. »Wir wohnen erst seit drei Jahren in der Gegend.« War Niemeier vielleicht der ehemalige Priester in dieser Gemeinde, der vor ewig und drei Tagen gestorben sei, fiel ihr plötzlich ein.

Meine Eltern sorgten jedenfalls nach der Messe dafür, dass sie Tante Betty so schnell wie möglich wieder nach Hause verfrachteten und das Thema nicht vor anderen angesprochen wurde. In ein paar Tagen würde sie ohnehin in die USA weiterreisen. Vorher aber schrieb sie eine Karte an Niemeier und bat meine Eltern, sie dem Pfarrer beim ersten Gottesdienst nach seinem Urlaub zu übergeben. »Kein Problem«, sagte meine Mutter und steckte sie weit hinten in eine Küchenschublade voller Krimskrams, wo sie wahrscheinlich noch heute liegt, weil alle zu feige sind, sie wegzuwerfen.

Nannas Schwester wurde schnell zu alt und zu wacklig, um noch einmal nach Krefeld zu reisen und die Wahrheit über den Pastor herauszufinden. Dafür kündigten Sandra und Robert an, im Frühjahr 2005 eine Europatour machen zu wollen. Sie würden endlich alle Verwandten abklappern, die im Laufe der Zeit von Bombay aus in die Welt gewandert waren. Auf der Liste der Ziele stand selbstverständlich in erster Linie London, wo die meisten lebten, doch auf dem Weg dorthin planten sie nicht nur nach Krefeld zu fahren, sondern auch bei mir in Berlin vorbeizuschauen.

Mein Vater hätte ihnen gerne den Abstecher in die Hauptstadt ausgeredet, und ich musste ihm versprechen, dass Berlin bestimmt nicht zu gefährlich sei für zwei Inder auf Reisen. »Bist du dir sicher?«, fragte er etwa fünftausendmal, »dass ihnen nichts passiert?« Das sei ich, antwortete ich. Trotzdem bestand er darauf, dass ich sie nicht nach Marzahn, Köpenick oder in sonstige Bezirke ließ, die er von Neonazis besetzt wähnte. Ich versicherte ihm, dass Robert und Sandra nichts passieren werde, und nahm sie also ein paar Wochen später am Bahnhof Zoo in Empfang.

Draußen auf dem Parkplatz vermittelte ihnen ein alkoholisierter Bettler, der zwischen teils verbeulten, teils aufgemotzten Autos umherwankte, sofort einen authentischen Eindruck unserer Stadt, indem er ihnen eine Obdachlosenzeitschrift verkaufen wollte. Das sei ja wie in Bombay, meinte Sandra, wohingegen Robert fand, dass die Bettler dort ein breiteres Angebot an Printprodukten bei sich hätten: mindestens eine richtige Tageszeitung und dazu immer den neuesten *Harry Potter*.

Dennoch war mein Onkel von Berlin begeistert. »Das ist ja eine Megastadt«, rief er, als wir über die frühlingshafte Straße des 17. Juni in Richtung Brandenburger Tor fuhren. Das Schloss Charlottenburg mit seinem Park sei so gepflegt, der Potsdamer Platz imposant, die Geschäfte adrett. Das alles zusammen, wiederholte er immer wieder, sei eine »Megacity«.

»Aber du kommst aus Mumbai«, sagte mein Mann. »Warum in aller Welt erscheint dir Berlin als Megacity?« Im Vergleich zu Mumbai gebe es schließlich nicht viel, was er als »mega« bezeichnen würde. Ja, antwortete Robert. Bombay, er brachte es noch immer nicht übers Herz, »Mumbai« zu sagen, sei schon sehr groß, jedoch vor allem sehr voll. »Ihr hingegen habt riesige Straßen, auf denen man niemanden sieht. Niemanden! Wir sind nicht ein einziges Mal angehupt worden, als wir diese breite Straße an dieser komischen Säule entlanggefahren sind, auf der ein Engel aus Gold saß.« Zudem fehlten in Bombay nennenswerte Sehenswürdigkeiten, meinte er. Dort würde bereits der etwa sieben Meter hohe Schnürschuh aus Beton, der in den Hanging Gardens in Malabar Hill auf einem Spielplatz steht, als etwas Besonderes gelten. Was denn mit der Tempelinsel Elephanta sei, mit dem Gateway of India, dem Horniman Circle und der Mount Mary Church, idyllisch auf einer Anhöhe über dem Meer gelegen? »Eure Gehsteige sind so breit, dass man glatt Häuser, mindestens Buden, darauf bauen könnte«, antwortete Robert. »Und niemand tut es. Das finde ich ganz, ganz erstaunlich.«

Wir überlegten, ob wir abends mit Robert und Sandra nach Kreuzberg fahren sollten, wo es wesentlich wuseliger zugeht als auf den kurfürstlichen Alleen, aber wir entschieden uns dagegen. Es war nämlich der erste Mai, und wir fürchteten, dass meine Verwandten ganz schnell einen falschen Eindruck von Berlin bekommen könnten, wenn die traditionellen Maikrawalle losgingen. Wir wollten lieber gemeinsam kochen, erzählen und dann faul auf der Couch hängen. Kaum hatten wir mit der Vorspeise angefangen, als meine Mutter anrief. »Schaltet den Fernseher an«, sagte sie. »Dann du wirst dich freuen, und deine Tante wird sich ganz schön wundern.« In meiner Familie kursierte schon lange das Gerücht, dass ich aus der Art geschlagen sei. Während meine Cousinen und Cousins zur Videothek gingen, um sich *Star Wars* auszuleihen, oder *10 Things I Hate About You*, hatte ich mich freiwillig mitten in Bombay in ein Kino gesetzt, um einen Film mit dem schönen Namen *Haar dil pyar khar karega* anzusehen, der besagt, dass jedem Herz Liebe geschieht.

Es spielten zwei Herren mit dem Namen Khan mit. Der eine, genannt Salman, gab in der Hauptrolle einen erfolglosen Sänger, der aus Goa nach Bombay zieht, der andere, Shah Rukh, trat nur kurz als Sidekick auf. Der eine war ein gestählter Muskelmann, der andere ein etwas schmächtiger Typ mit großer Nase. Bisher hatte ich, wenn ich Khan hörte, eher an einen albinesken deutschen Torwart mit Namen Olli gedacht. Nun aber lernte ich während langer, amüsanter Stunden im Kino, zu denen Sandra mitgekommen war, dass Khan und Khan die Helden des indischen Kinos waren. Beide trugen indiskutable unmodische Pullover, wie man sie höchstens noch in rührenden Dokumentarfilmen aus der kirgisischen Steppe erwartet, nicht jedoch in einer großen Bollywoodproduktion. Das ganze Arrangement der Verwechslungsgeschichte war peppig, der Plot hingegen traditionell, es gab ein paar Tanz- und Gesangsszenen, die wahrscheinlich in der Schweiz sowie in der Wüste von Dschibuti gedreht worden waren. So weit alles ganz normal.

Hätte ich damals tippen sollen, wer dieser beiden Herren der Superstar des indischen Kinos werden sollte, wer dereinst King Khan genannt und die Herzen der Frauen von San Francisco bis Sydney entflammen würde, ich hätte mein Geld nicht auf den unscheinbaren Typ mit der großen Nase gesetzt. Und wäre damit eine sehr arme Socke geworden. Genau der war es nämlich, der im Laufe der Jahre mein Leben in einem kleinen, wenngleich wichtigen Punkt zum Besseren wenden sollte.

Bis dahin hatten mich auf Partys und anderswo die typischen Indienklischees genervt. Immerzu fragten die Menschen »Leben deine Großeltern in einem Slum?« (Antwort: Nein. Aber in Bombay ist der nächste Slum nie weit entfernt.) »Laufen die Kühe wirklich frei herum?« (Antwort: Früher waren in Bombay überall Kühe zu sehen, das hat sich etwas verändert. Wer frei lebende Kühe sehen möchte, die genüsslich vor einer Fleischerei liegen, weil sie wissen, dass ihnen niemand etwas antut, kann gerne nach Goa fahren. Dort sollte man sich allerdings vor den frei laufenden Hunden in Acht nehmen, die den Alltag wesentlich komplizierter machen als die Kühe.) Oder: »Sprichst du Indisch?« (Antwort: Nein, nein und tausendmal nein. Erstens gibt es so etwas wie Indisch gar nicht, sondern im Land werden zahlreiche Sprachen gesprochen, entweder dreizehn oder hundertdreizehn, je nachdem, wie man zählt. Lingua franca, die Umgangssprache also, ist Hindi, das allerdings nur etwa die Hälfte der Bevölkerung beherrscht.) All diese Fragen waren plötzlich vergessen. Nun wollten alle bloß noch wissen: »Kennst du IHN?«

»Da läuft ja ein Film mit Shah Rukh Khan«, rief Sandra Robert zu, der ihr in der Küche einen Whisky einschenkte. »Ich glaube, es ist *Sometimes Happy, Sometimes Sad!*«

»O mein Gott«, sagte Robert, als er mit dem Glas ins Wohnzimmer trat. »Er ist es wirklich. Und er spricht Deutsch.« Nun hockten beide, die in Bombay keine Sekunde damit vergeudeten, Hindi-Movies zu schauen, auf einem Berliner Sofa und glotzten ungläubig auf den Fernseher. »Warum läuft so etwas hier?«, fragte Sandra. »Gefällt das den Deutschen?«

Ob es ihnen gefiel, sei nicht gesichert, musste ich zugeben. Doch das indische Kino, besser gesagt Bollywood, fasziniere sie. Vor allem Shah Rukh Khan sei schwer beliebt. Mittelalte deutsche Verwaltungsangestellte schwärmten von ihm, griechische und türkische Omis kauften seine Filme. Hausfrauen pilgerten zum Potsdamer Platz, wenn er bei der Berlinale erschien, um sich in der typischen Februarkälte ein Autogramm geben zu lassen. Junge Mädchen hielten Plakate mit Lobhudeleien hoch und kreischten so lange, bis er ein Küsschen andeutete. Sandra und ihre Freundinnen schwärmten eher für den britisch-indischen Sänger Engelbert Humperdinck und seine Schmachtsongs. Der Captain blieb bei seiner Liebe zu Jazz und Liberace-Platten.

Für alle anderen aber war Shah Rukh Khan der Star der Stars, berühmter als Brad Pitt und lässiger als Daniel Craig. Seine große Leistung bestand nicht darin, einen Film nach dem anderen zu drehen, Hunderte von Menschen zu beschäftigen, für alles Werbung zu machen, von Kugelschreibern bis zu Aufhellungscremes, und auch nicht darin, ein Kricketteam zu kaufen und in aller Öffentlichkeit zu rauchen. Nein. Die große Leistung von SRK, wie er liebevoll abgekürzt wird, ist, dass er alle Indien-Stereotypen vergessen ließ, die mir vorher das Leben schwermachten.

Welch ein Segen dieser Mann für uns Inder war! Fortan behauptete niemand mehr, dass alle indischen Männer einen dicken Schnurrbart trügen, denn SRK hatte keinen. Keiner fragte, ob es in Indien Mobiltelefone gebe, denn SRK hatte immer das neuste dabei. Keiner wollte wissen, ob in Indien wirklich alles lange dauere und immer alle zu spät kämen, denn SRK machte Werbung für die Uhrenmarke TAG Heuer, was heißen musste, dass die Inder großen Wert auf Pünktlichkeit legten. Und dass die gesamte Schweiz, wie man hörte, von Indern nur so überschwemmt werde, konnte bloß bedeuten, dass die Inder generell ein reiselustiges Volk waren, großen Wert auf unberührte Natur legten und inzwischen zu einem großen Teil wohlhabend genug waren, um sich diesen Trip leisten zu können.

Anstatt im Inder einen armen, Linsen essenden Tropf zu sehen, erlagen die Deutschen der Mär von der Existenz einer indischen Mittelschicht, deren Vertreter wie Shah Rukh Khan aussahen. Und die Frauen waren nach dieser Auffassung keine goldbehangenen Sari-Trägerinnen mehr, von deren Nasenflügeln aus Diamanten in die Welt strahlten, sondern Minirock tragende Vamps im bauchfreien T-Shirt wie eine der Hauptfiguren in *Sometimes Happy, Sometimes Sad*. In dem Film geht es um zwei Themen: Familie und Liebe. Ein Sohn, der eine unstatthafte Liaison mit einem Mädchen eingegangen ist, das nicht zufällig in einem Schloss wie Versailles lebt, sondern in einem lustigen, munteren Allerweltsviertel von Delhi – dieser junge Mann also wird von seinem Vater verstoßen und zieht mit seiner Liebsten und ihrer kleinen Schwester nach England. Der jüngere Bruder, der ihn natürlich nie vergessen kann, schmiedet Pläne, dem Helden seiner Kindheit nach England zu folgen. Heimlich. Er kauft sich einen Sportwagen und eine eng sitzende Weste, die er auf seinem heißen Body trägt, und geht geradewegs dorthin, wo man mit diesem Outfit sehnlichst erwartet wird: an die Universität. Der Bruder erkennt ihn nicht, denn früher war der Kleine moppelig und ungeschickt, heute dagegen verfügt er über tadellose Manieren und ein hübsches Gesicht. Damit wären die ersten beiden Stunden des Films erklärt.

Natürlich fühlt sich die Frau aus dem lustigen Stadtteil Delhis zwischen den ganzen Engländern, die aufs Böseste als Spießer und Unmenschen dargestellt werden, gänzlich unwohl. Ihre Schwester hat eine ähnliche Metamorphose durchgemacht wie der moppelige Bruder und geht, rein zufällig, auf genau die gleiche Uni wie der Junge, den sie im lustigen Stadtteil vor ein paar Jahren noch hänselte. Auch sie hält nicht viel von Kleidung, die tatsächlich den Körper bedeckt, sondern trägt Rock und Top in Mikrogröße. In der zweiten Hälfte des Films treffen die beiden sexy Kinder der Mother India wie zwei starke

Magneten aufeinander. Der jüngere Bruder schleicht sich über Umwege in die Familie des älteren ein, zieht gar in sein gigantisches Haus, das aussieht wie eine Kreuzung aus Soap-Kulissen und dem Museum Abteiberg in Mönchengladbach. Seine Schwägerin, die von ihrem familiären Glück noch nichts ahnt, glaubt, einen einfachen indischen Jungen im Schoß ihrer Familie aufzunehmen und ihm das Leben in der Fremde erträglich zu machen. Mit viel List führt der clevere Boy seine Eltern und seinen Bruder, beide selbstverständlich ahnungslos, aber nicht vorahnungslos, wieder aufeinander zu. Am Ende siegen die Liebe und der starke Zusammenhalt der Familie.

Die Story, die Länge, die Klischeebeladenheit, all das wäre, wenn es mit Veronica Ferres und Matthias Brandt besetzt wäre, eine große Lachnummer, nicht machbar, nicht ernst zu nehmen – Made in India hingegen wurde der Streifen zum Megakracher, der erfolgreichste Film seit Jahren. Selbst in Deutschland. Bisher liefen solche Einblicke in das Reich von Bollywood meist im Rahmen eines Themenabends bei Arte oder 3Sat, den Kanälen der braven Bildungsbürger, erklärte ich Sandra. Dort werde das Ganze als kulturelle Exkursion für Althippies und Studienräte getarnt, und die meisten Zuschauer würden den Film nur unter diesem Aspekt anschauen und »interessant« finden.

Der Überschauspieler Shah Rukh Khan, wusste Sandra ihrerseits zu berichten, wohne nur ein paar Straßen vom Captain entfernt, würde aber kaum wie die anderen Bollywoodstars irgendwo gesehen, weil er die ganze Zeit arbeite. Die Cousine unserer Nachbarin, die ich ja kenne, sei mit seiner Frau gut befreundet. Das müsse eine glückliche Dame sein, sagte ich. Und stolz auf ihren Mann. Der hatte schließlich ein großes Gatter zum Subkontinent geöffnet, durch das jetzt eine begeisterte Herde Richtung Osten traben wollte, nach Möglichkeit genau auf ihn zu.

Auf allen Kanälen wurde über Bombay berichtet, und Deutschland wurde von einer kunterbunten Masala-Welle überschwemmt. Bioläden verkauften Ghee, die geklärte Butter, die man für viele indische Gerichte als Zutat braucht. Fitnessprogramme richteten sich an all jene, die bereits ihren Salsakurs in den Neunzigern und das Flamencotanzen in den Achtzigern gemeistert hatten. Sie lernten nun im Bollywoodtanzkurs, wie die neue Leinwandgöttin Aishwarya Rai in *Liebe lieber indisch* zu tanzen. Frauen aller Berufe begannen als zweites Standbein eine Ausbildung zur Yogalehrerin, besser noch zur Kinderyogalehrerin zu machen. Andere kochten Chutneys aus der Food-Rubrik ihrer Klatschzeitschriften nach. Selbst an entlegenen Landstraßen servierten Restaurants mit wohlklingenden Namen wie »New Delhi« oder »Chennai« Samosas, hauptsächlich aber bloß fettiges, sahniges Mischmasch ohne frischen Koriander und mit nur wenig Chili. Und im Regal bei Edeka tauchte die Gewürzmischung »Chicken Madras« auf.

»Was soll das sein?«, fragte Sandra, als wir mit unserem Einkaufswagen durch die Gänge schlichen. Sie betrachtete die Mangos aus Südamerika (»Nicht mit den indischen vergleichbar!«), die Papayas (»So winzig!«), die vielen verschiedenen Wurstsorten (»Warum ist dort eine Mühle auf der Packung?«) und schließlich die Tütensuppensektion. Meine Tante war von der Vorstellung, dass man Dosenfrüchte mit Hühnerfleisch mischen könnte, heftig angewidert.

Sie probierte die abgepackten Mango-Lassis aus dem Kühlregal, die ein indischer Geschäftsmann für den deutschen Markt entwickelt hatte. »Das schmeckt nun wirklich fast wie in Indien«, meinte sie, wenngleich es ihr komisch vorkam, dass irgendjemand eine fertige Lassi kaufen wollte, statt sie selbst zu machen. Doch von allen Dingen, die hierzulande Indien angedichtet werden, begeisterte sie sich am heftigsten für ein Getränk, das als unscheinbarer Teebeutel nach Deutschland kam, dessen Schnur mit Etikett aus einem Berg aufgeschäumter Milch heraushing.

»Wer Tee in Gläsern anbietet, hat keinen Stil«, pflegte Nanna zu sagen, und sie wäre von der Klientel, die Gläser mit diesem sogenannten Yogi-Tee in der Hand hielt, sowieso wenig begeistert gewesen, weil sie robuste, ungebügelte Hemden trug und ihr Haar nicht fein scheitelte. Die Yogi-Tee-Trinker saßen in funzeligen Eine-Welt-Cafés und arbeiteten für den Frieden auf Erden. Wahrscheinlich wäre Nanna völlig konsterniert gewesen, hätte sie noch miterlebt, wie die ganze Welt anfing, Tee aus Pappbechern zu trinken. Im Gehen, anstatt brav auf fünf Uhr zu warten. Ihr Entsetzen wäre dadurch gesteigert worden, dass der Tee bald nicht einmal mehr mit Beutel zubereitet wurde, anstatt die Blätter unter Zugabe von Gewürzen zu kochen. Der Beutel wich einem Granulat, das mit heißem Wasser und Milch gemischt, oder einem Sirup, der lediglich verlängert wurde. In Berlin eröffneten an jeder Ecke Schnellcafés, die dieses Getränk verkauften. In einer Kette sogar unter dem Namen »Chai-Tee«.

»Was soll das sein, ein Chai-Tee?«, fragten Sandra und Robert, als sie das Getränk zum ersten Mal auf einer Getränkekarte sahen. »Ein Chai ist doch ein Tee, nur eben auf Hindi«, versuchten sie dem jugendlichen Barrista zu erklären, der hinter der Theke im Laden neben dem ehemaligen Kranzler-Eck am Kurfürstendamm stand. Der war für diesen Hinweis wenig empfänglich, nicht anders sein Gegenpart bei Starbucks am Hacke'schen Markt in Berlin-Mitte. Auch die Mehrheit meiner Freunde meinte, Chai sei kein echter Tee wie beispielsweise Hagebutten-, Pfefferminz- und zur Not Fencheltee, sondern irgendein Zwischending. Obwohl sie nicht genau sagen konnten, zwischen was genau. Sandra jedenfalls probierte sich durch die in Berlin angebotenen Chai-Tees, Chai-Lattes und Yogi-Chais. »Köstlich«, meinte sie. Das sei nun wirklich eines der wenigen Dinge, die man in Indien so nicht bekäme, weswegen sie auf dieser Reise unbedingt so viele Chais wie möglich trinken müsse.

Als wir uns zwei Tage nach unserem *Sometimes Happy, Somtimes Sad*-Abend sicher sein konnten, dass Kreuzberg wieder befriedet war, führten wir Sandra und Robert in ein türkisches Grillrestaurant. Auf dem Weg vom Auto – kein Mercedes oder BMW, wie die beiden ein wenig mitleidig meinten, wobei die Geringschätzung vielleicht auch mit dem Chaos im Wageninnenraum zu tun haben konnte – , auf dem Weg vom Auto zum Restaurant also blieben die beiden stehen und starrten auf eine Erscheinung auf der anderen Straßenseite. »Das ist aber nun wirklich too much«, sagten sie zur Dekoration des indischen Restaurants, das sich dort breitgemacht hatte. Riesige Buddha-Ganesha-Figuren säumten den Eingang, die Borten bunter Stoffschirme flatterten im Wind. Orangefarbenes Licht strahlte die Kunstpalmen an, während der echte Bambus, der die Tische gegen den Verkehr auf der Straße abschottete, sich sanft im Wind wiegte. In die Mitte der Terrasse war ein kleiner Brunnen gequetscht worden, in dessen Bassin Blütenblätter trieben. Sie hätten ja schon viel gesehen, sagten die beiden, doch das hier sei der Gipfel allen vorstellbaren Kitsches. In Bombay würden Restaurants allerhöchstens Säcke mit Limonen und Zitronen vor die Tür hängen, aber zumeist täten selbst das nur handfeste Läden, in denen Familien schnell, gut und günstig essen könnten.

Die Kunden verlangten danach, verteidigte ich den Restaurantbesitzer. »Früher mussten die italienischen Restaurants aussehen, als stünden sie in einem neapolitanischen Museum für Heimatkunde, und die Einrichtung griechischer Lokale sah aus, als sei sie einer alten Oma auf Kreta unter dem Hintern weggeklaut worden.« Dieses Restaurant hier müsse eben wie eine Filmkulisse aussehen, damit die Menschen es als authentisch ansahen. »Verrückt«, sagten die beiden und gingen weiter zum türkischen Lokal, das einen Holzkohleofen nach traditioneller Art betrieb. »Ihr Deutschen habt eine wirklich äußerst rege Fantasie, wenn es um Indien geht.«

Auswuchs dieser Fantasie war auch die Vorstellung, dass inzwischen ganz Indien, oder mindestens die Fläche von Delhi bis nach Bangalore, von Callcentern und Softwarefirmen überzogen war, in denen Menschen saßen, die Rajnit oder Chandini hießen, sich aber für den amerikanischen Markt Raymond und Nina nannten. Und alle waren davon überzeugt, wie gut es doch sei, dass so viele im Land Englisch sprächen, weil ihnen das einen erfreulichen Wettbewerbsvorteil gegenüber den Chinesen verschaffe. Ferner entdeckten insbesondere die Deutschen, dass es in Bombay eine lebendige Kunstszene gab, die nichts zu tun hatte mit der Herstellung von Touristennippes und Filmplakaten. Unternehmensberater aus Deutschland kamen nicht länger nach Indien, um das hier nicht durchsetzbare Prinzip von flachen Hierarchien und schlanken Unternehmen zu predigen. Stattdessen untersuchten sie nun, wie das System dieser monströsen Vorortzüge funktionierte, die jede Stunde Massen bewegten, und jeder wollte das Geheimnis der Dabawallas kennenlernen, der Essensausträger, die Tag für Tag über dreihunderttausend Henkelmänner an den Wohnungstüren Bombays abholten, mit einem Spezialcode versahen und auf Karren verluden. Fast nie, so die Legende, machten sie einen Fehler und brachten einen falschen Henkelmann zum falschen hungrigen Ehemann ins falsche Büro. Ob das wirklich stimmt oder ob die Menschen, die ein falsches Essen geliefert bekamen, einfach schwiegen, weil sie froh waren, mal etwas anderes zu essen, wurde bislang nicht untersucht.

Noch mehr als durch alles andere wurde die Fantasie der Menschen in aller Welt durch die Existenz der zahlreichen und ausgedehnten Slums der Stadt beflügelt. Vor allem falls sie *Shantaram* verschlungen hatten, einen dicken Wälzer über einen australischen Ausbrecher, der sich scheinbar nahtlos in das Slumleben einfügt. In der Enge und der Armut meinten sie eine Art Sozialromantik zu erkennen: Die Menschen würden einfach zusammenhalten, weil sie das gleiche Schicksal teilten. Abiturientinnen machten sich auf in die Hölle von Bombay, um die Welt ein wenig besser zu machen. Selbstverständlich kamen sie verfrüht und frustriert zurück, denn die Lebensumstände dort befördern eben nicht das Beste im Menschen. Wer nett zu Mädchen ist, die zu Hause ein Lena-Meyer-Landrut-Poster an der Wand haben, wird im Slum kaum überleben. Das schafft nur jemand, der weiß, wie man über andere hinweg nach oben gelangt. Und was in Dharavi zählt, das gilt genauso im Rest von Bombay.

Im Grunde genommen hätte die Stadt schon längst an sich selbst eingehen müssen. Die Mieten steigen stetig, sodass es sich für jeden noch mehr lohnt, sein Haus zu verkaufen und an die Stelle ein Hochhaus bauen zu lassen. Mehr Bewohner bringen mehr Verkehr, die Straßen werden längst von einer Masse maximal ausgestatteter BMWs, Mercedes und Skodas verstopft. Statt der Kleinfamilien, die zu fünft auf einem Roller sitzen, sieht man nun Kleinfamilien zu fünft im klimatisierten Kleinwagen. Eigentlich ein Wunder, dass die Bewohner nicht längst an ihrer eigenen Luft erstickt und in riesigen Schlaglöchern verloren gegangen sind, vom Monsun weggeschwemmt oder von einstürzenden Häusern erschlagen wurden.

Zum Erstaunen aller geht das Leben weiterseinen gewohnten Gang, obwohl die Bevölkerung ebenso stetig wächst wie der Flugverkehr zunimmt, die Inflation voranschreitet und das Wirtschaftswachstum zur Verpestung der Luft beiträgt. Fiel früher täglich der Strom aus, passiert das heute nur noch selten, und meist sind lediglich einzelne Häuser oder Straßen betroffen – weil gerade irgendwo gebuddelt wird, um ein neues Breitbandkabel zu verlegen oder die Kanalisation zu erneuern.

Die stark fragmentierte Gesellschaft brach entgegen allen Prognosen nicht weiter auseinander, obwohl lange spekuliert wurde, ob mit dem Einzug westlicher Waren und Lebensweisen das indische Wertesystem nicht in sich zusammenfallen würde. Tat es aber nicht, die Kinder sagen weiterhin brav »Aunty« zu allen Freunden der Eltern, geben sich, zumindest nach außen, sittsam, wohnen vielleicht später mal unverheiratet mit einem Partner zusammen, doch im Großen und Ganzen bleiben sie unter der Kontrolle ihrer Familie.

Andere Traditionen haben sich ebenfalls gehalten. Zwar gibt es viele Geschäfte und Supermärkte nach westlichem Vorbild, Boutiquen und Buchläden mit angeschlossener Coffee-Lounge, aber daneben existiert etwa in Bandra als bevorzugter Einzelhändler nach wie vor Nannas Lieblingskrämer Lou beziehungsweise dessen Sohn, weil er auf seinem Nokia-Handy (mit integrierter Taschenlampe) erreichbar ist und eine Flasche Rum oder Mangoeis von Amul liefert. Das Hausmädchen verhandelt noch immer mit der Fischersfrau über die Qualität der Ware, und Bananen kauft sie am Stand an der Ecke zur St. Leo Road.

Von den vielen Problemen, die die Bewohner von Bombay haben, sticht am stärksten hervor, dass es in dieser Stadt mindestens zwei Welten gibt: eine Welt der Armen, die kein Wasser abbekommen, obwohl in den porösen Leitungen jedes Jahr Millionen Liter Wasser versickern. Und dann die Welt der bodyoptimierten Karrierefrau, die zum Zumba-Fitness-Training in ein ähnliches Studio geht wie ihr Gegenpart in Berlin-Mitte, nach Hause kommt und sich unter der Regenwalddusche mit Grohe-Armatur ausgiebig berieseln lässt. Ein Gegensatz, der Reibung erzeugt und Chaos – der nicht verschwindet, den man an den meisten Tagen im Jahr bloß zu verdrängen versucht. Weil Bombay zwar Spannung und Friktion bedeutet, doch niemals langweilig wird.

»Ich liebe diese Stadt und das Leben hier«, sagte Sandra nach den Terroranschlägen im November 2008, bei denen mehr als hundertsiebzig Menschen starben. »Wir machen weiter, egal was kommt, und egal was es kostet.« Und alle um sie herum, ausnahmslos sämtliche Bewohner, schienen sich auf dieses Credo eingeschossen zu haben. Denn niemand zog weg, niemand hörte auf, Hochzeiten zu besuchen, Modenschauen oder Ausstellungen. Die Massen der Armen strömten weiter in die Stadt, um auf Gehwegen zu kampieren. Es wurden weiter Häuser gebaut und Geschäfte eröffnet. Über das Meer errichtete man von Bandra aus eine gigantische Brücke, um noch schneller in das Verkehrschaos der Innenstadt zu gelangen.

Vier Jahre nach den Anschlägen schickte Sandra mir eine WhatsApp. Auf dem Foto, das sie angehängt hatte, sah man einen großen weißen Becher, auf dem vor einem grünen Hintergrund eine weiße Meerjungfrau lächelte. Das Starbucks-Logo war in Bombay angekommen. »Mein erster Chai-Tee-Latte in Indien«, schrieb Sandra. »Endlich!«

Goooaaaaaaaahhhhhhhh – Life at leisure

Nanna wäre, dachte ich fast fünfundzwanzig Jahre später, als ich an einem Abend im Frühling vor dem Computer saß, so stolz auf uns. Wir hatten unsere Wunschreisedaten mit unserem Wunschreiseziel in eine Suchmaschine eingegeben und hofften zum Wunschreisepreis nach Goa zu kommen. Es klappte sogar. In liebevoller Erinnerung an Nanna drückte ich den noch warmen Ausdruck unseres E-Tickets an mein Herz. Achtzehnhundert Euro für drei Personen hin und zurück, dreiundzwanzig Stunden Reisezeit eine Strecke, zweimal Umsteigen. Eine einfache Tour sah anders aus, aber diesmal würde ich rechtzeitig ankommen.

»Mein Cousin heiratet, und ich, ja ich werde dabei sein«, sagte ich leise zu mir selbst und fühlte mich unglaublich erwachsen.

»Bist du wahnsinnig?«, wollte meine Mutter drei Tage später am Telefon von mir wissen. Ich hatte unsere Reisedaten per E-Mail an eine internationale Reise- und Flugexpertin, also an sie, weitergeleitet. »Ihr fliegt über London, das ist die falsche Richtung und kostet nur Zeit. Dann kommt ihr um zehn in Bombay an und sollt es schaffen, um vierzehn Uhr von dort weiter nach Goa zu reisen? Nie im Leben«, wetterte sie. »Ihr müsst euer Gepäck abholen, durch die Passkontrolle, zu einem anderen Flughafen und wieder einchecken. Außerdem ist diese Fluggesellschaft, mit der ihr fliegt, Mist! Schafft ihr es nicht rechtzeitig, werden sie euch keine Alternative anbieten, dann müsst ihr mit dem Überlandbus fahren. Könnt ihr noch von der Reise zurücktreten?« »Nein«, antwortete ich. »Es ist Zeit, mit den schlechten Gewohnheiten unserer Familie zu brechen. Wir fliegen billig, zeitaufwendig und umständlich, aber wir fliegen fest gebucht!«

Der November kam, es war kalt und dunkel, doch wir trösteten uns. »Wir fahren nach Goa«, bestätigten wir uns gegenseitig immer wieder aufs Neue, denn ja, wir reisten zur Hochzeit eines meiner echten Cousins nach Indien. Dorthin, wo die Sonne immer schien, zumindest außerhalb der Monsunzeit. Wir würden uns in eine Hütte am Strand setzen und Krabben essen, bis wir nicht mehr konnten, dann mit den Füßen im Wasser planschen und danach Mittagsschlaf unter schattigen Palmen halten. Oder dem Kind im Pool unserer Ferienanlage das Tauchen beibringen, lesen, bis die Augen schief stünden, und nach Einbruch der Dunkelheit auf der Veranda unseres Bungalows sitzen und Old-Munk-Rum trinken, bis es Zeit war für das Abendessen. Oder wir gingen ein paar Schritte rüber in einen der anderen Bungalows zu Tanten und Verwandten oder zu Sandra und Robert. Wir würden jedenfalls alle auf einem Haufen sein und alles ganz langsam und erholsam angehen lassen.

»Wir fahren ja im November nach Goa«, trösteten wir uns, als wir im August auf Rügen urlaubten und von beigejackigen Rentnern umzingelt waren. Es regnete dort jeden Tag, und wir trugen vom Versuch, an die See zu gehen, eine hartnäckige Erkältung davon. »Macht nichts«, sagte ich, bevor ich meinen Kopf mitsamt Handtuch über eine Schüssel dampfenden Wassers hielt, in dem Eukalyptussalbe schwamm.

»Wir fahren nach Goa«, trösteten wir uns über den eiskalten Laternenlauf zu St. Martin hinweg, bei dem uns beinahe die Hände in den Handschuhen erfroren wären. Goa half, wenn wir am späten Sonntagnachmittag merkten, dass wir es an diesem Tag leider nicht mehr an die für Kinder streng geforderte frische Luft schaffen würden. Das Kind, meinte ich dann, würde im warmen Sonnenlicht Indiens genug Vitamin D produzieren, um einen Tag Stubenhocken zu kompensieren. Dass alle um uns herum gleich feuchte Augen bekamen, wenn wir erzählten, wohin wir fahren würden, half natürlich, ein gewisses Hoch zu verspüren.

»Es wird eine kleine Hochzeit«, versuchte ich mich selbst und alle anderen zu mäßigen, nur im kleinen Kreis, keine große Sache. Der Bräutigam würde nicht auf einem Pferd zur Location reiten, keinen Turban tragen. Die Braut und er hätten sich ganz gewöhnlich verliebt, es sei nichts arrangiert gewesen, niemand habe eine Mitgift gezahlt, und es würden erst recht keine Hände mit wilden Hennamustern bemalt. »Vergesst schnell alles, was ihr von einer indischen Hochzeit wisst«, riet ich meinen Freunden und meinte damit, sie sollten schleunigst vergessen, was Bollywood und diverse deutsche Reisereporter sie glauben machen wollten. Denn die Hochzeit, zu der wir fuhren, würde eher einem Sommerfest in unseren Breiten ähneln als den opulenten Events in populären Schmachtstreifen.

Es gebe zwar in Indien noch immer absolute Glamourhochzeiten, räumte ich ein, aber da die Menschen inzwischen Autos, Handys, schick eingerichtete Apartments und Kinder an US-Colleges hätten, mit denen sie prima angeben könnten, bräuchten sie nicht mehr Unsummen für repräsentative Feste auszugeben. »Es gibt in Indien durchaus einen Trend zur intimen Feier«, sagte ich, und an einer solchen würden wir teilnehmen.

In Deutschland akzeptieren Menschen es klaglos, dass ein verliebtes Paar einfach zum Standesamt geht, um dort im engsten Kreis zu heiraten, vielleicht sogar in keinem Kreis, sondern ganz alleine dort steht. »Wir haben nur geheiratet«, sagen sie dann, »nichts sonst!« Die Mütter der Brautleute hegen vielleicht innerlich einen Groll, gratulieren jedoch trotzdem und überweisen ein großzügiges Geldgeschenk. Mit dem, was an der Feier gespart wurde, fahren sie in den Urlaub oder lassen ihr Einfamilienhaus energetisch sanieren. Eine indische Hochzeit hingegen, finden die Deutschen, müsse immer und in jedem Fall eine Massenhochzeit sein, so viel hat man inzwischen gelernt.

Masse oder nicht, ich freute mich einfach, dabei zu sein. Mit jedem Taxi, das an mir vorbeifuhr und auf dem die verführerische Werbung von »Incredible India« zu sehen war, hüpfte mein Herz. Indira aus der Studiosus-Werbung, die im *Spiegel* und anderen Zeitschriften beim Stoffverkauf zu sehen ist, zählte ich schon zur Familie. Fast zärtlich dachte ich an das große, faszinierende Land, das man in Deutschland ständig zwischen diesem und jenem zu verorten sucht. Überschriften zu Zeitungsartikeln, Titel von Büchern behaupten, es befinde sich zwischen »Hightech und …«, zwischen Gandhi und Gates, zwischen Ayurveda und Apple, zwischen Callcenter und Karma Sutra, zwischen Ganesha und 3G.

»Wir machen tolle Sachen, alles mit der Familie«, erzählte mir die Mutter meines Cousins, des Bräutigams, halb drohend, inzwischen skypten wir regelmäßig. Sie hielt einen schwarzen, eisernen Kerzenständer und gelbe Plastikblumen in die Kamera, Säckchen mit echten Muscheln und falschen Perlen. »Das ist die Tischdeko«, fasste sie zusammen, alles in den Mottofarben dieser Hochzeit, gelb und weiß, fast wie im Vatikan. Warum sie sich für Plastik entschieden habe, wo doch das ganze Land voller blühender Blumen sei, hätte ich sie gerne gefragt, ließ es aber, weil ich mich an Nannas Begeisterung für ihren Plastiktannenbaum erinnerte, und auch der Captain hatte Plastikblumen in seinem Esszimmer stehen. Vielleicht gefiel meinen Verwandten die sterile Variante einfach besser, weil kein Käfer herausfallen konnte und man nach drei Tagen, wenn echte Blumen längst verwelkt wären, nicht umdekorieren musste. »Du wirst sehen, es wird richtig lustig«, sagte meine Tante noch, und mein Cousin postete auf allen ihm verfügbaren Kanälen, vor allem auf Facebook, dauernd Fotos aus Goa, die ihn bei der Vorbereitung der Hochzeit zeigten. In Goa vor den Altar zu treten war für Paare aus Bombay inzwischen eine beliebte Alternative. Die Hotels waren billiger, der Alkohol ebenfalls, die entspannte Strandatmosphäre lockerte die Gäste auf, und nicht jeder, der eingeladen war, kam auch wirklich.

»Ggggggooooaaaahhhh«, untertitelte mein Cousin seine Bilder, und seine Freunde, die ihn so oft wie möglich begleiteten, kommentierten in Anlehnung an das Genre des amerikanischen Junggesellenabschiedsfilm: »What happens in Goa, stays in Goa.« Ich wusste nicht, ob sie meinten, dass es nicht erlaubt sei, über das in Goa Erlebte zu sprechen, oder ob sie einfach zu zerschossen waren, sich später genau daran zu erinnern. Ich vermutete eine Mischung aus beidem.

Alles stand also bereit, unsere Tickets hatten wir längst bezahlt, wodurch sie ein Zahlencode auf irgendeinem Server in einem fernen Land geworden waren, der uns Eintritt in eine Flugzeugkabine gewähren würde. Perfekt. Meine Mutter war nach wie vor anderer Meinung. Von Anfang an. Das würde nichts. Nicht mit dieser Fluggesellschaft und nicht mit diesen Transitzeiten, betonte sie immer wieder. Sie selbst flog eher los, selbstverständlich mit der Lufthansa, würde den Captain einpacken und auf uns warten, wann immer wir ankämen. Mein Vater hatte beschlossen, den Trubel zu meiden und zu Hause zu bleiben.

Doch dann kam der Anruf, den jeder fürchtet, der mit seinen Großeltern zu selten telefoniert – der zu weit weg von ihnen wohnt und so mit dem täglichen Krimskrams beschäftigt ist, dass er es nicht mehr schafft, selbst gute Freunde regelmäßig anzurufen. Sandra sagte, der Captain habe sich nicht wohlgefühlt und sich bloß hinlegen wollen. Sie dachten, er sei nur müde und schlapp, weil er morgens eine Frühstücksverabredung mit drei alten Damen gehabt habe, allesamt Mitglieder im Club der über Achtzigjährigen. Aber der Captain war nicht wieder aufgewacht.

Sandra und alle anderen weinten, wir in Deutschland konnten nicht glauben, dass er tot sein sollte. Niemand postete mehr irgendetwas. Stattdessen stellten sie ihre iPhones, Blackberrys und Samsungs aus und trugen ihn zu Grabe. Es herrschte Ruhe und Stille, bis wir uns fragten, was der Captain sich jetzt von uns wünschen würde. Hatte er sein Leben wie jemand gelebt, der Wert auf monatelange Trauer legte? Und es mit einer Frau verbracht, die Partys verachtete? Wäre der Captain nicht vielleicht der Erste, der erwartete, dass wir in Gottes Namen einfach weitermachten und nach Goa fuhren? Die Antwort kam aus dem Netz. »Ggggoooooaaaaaa!«, schrieb ein Onkel, der Nächste likte das, und der Übernächste schrieb wieder: »What happens in Goa, stays in Goa.« Wir sollten langsam die Koffer abstauben, riet ich meinem Mann. Auf uns warteten ein Strand, eine Hochzeit und ganz viel Familie minus einem.

Der einzige Grund, weshalb Menschen das beschwerliche Reisen überhaupt auf sich nehmen, ist der, dass sie sich die ganze Prozedur des Abfahrens und Ankommen nie so anstrengend ausmalen, wie sie letztendlich ist. Die Erinnerung an die nervenzerreißenden Momente vom letzten Mal, als man den Pass nicht fand oder merkte, dass man vergessen hatte, ein Einschreiben abzuschicken, und an das unangenehme Gefühl, als man feststellte, dass man seine Lieblingskleider nicht alle rechtzeitig gewaschen bekam – all das verblasste irgendwann.

»Warum«, fragte ich meinen Mann, als noch kein T-Shirt gepackt und kein Visum erteilt war, »sind wir eigentlich nicht viel früher nach Indien gefahren?« Schließlich sei alles ganz easy, wenn man es recht überlege, angesichts der Menge an Verwandten, die wir dort vorfänden. Außerdem sei es dort warm, was man von Rügen nicht behaupten könne, und selbst das indische Hinterland habe seinen Reiz, nun da Dr. Horatio nicht mehr praktizierte. Ich kannte allein drei andere Menschen aus Deutschland, die zur gleichen Zeit wie wir in Goa sein wollten. Es war also, beruhigte ich mich, als die Anspannung langsam wieder stieg, ein ganz normales Reiseziel.

Mein Mann, der Arzt ist und unglücklicherweise gerade ein paar Wochen zuvor einen Kurs in Tropenmedizin belegt hatte, war anderer Meinung. Wir bräuchten Tollwut-impfungen, Malariaprophylaxe, ein Moskitonetz für unsere Betten, Anti-Brumm-Spray für Erwachsene, Anti-Brumm-Spray für Kinder und langärmlige T-Shirts, Leggins, Hüte, Hüte, Hüte. Im Grunde müssten wir zu jeder Tages- und Nachtzeit komplett bedeckt herumlaufen. Wie das mit dem Wort »Strandurlaub« vereinbar sei, wollte ich wissen. War es wirklich notwendig, dass wir uns kleideten wie die ersten englischen Ladys auf dem Subkontinent, mit Sonnenschirm und züchtig bedecktem Körper? Wenn ja, dann solle er es mir sofort sagen, ich würde die Diät, die ich nun beinahe täglich begann, sofort wieder abbrechen. Er murmelte etwas von Dengue-Fieber, zerrte uns in einen sogenannten »Outdoor«-Laden, wo Menschen in Funktionskleidung Zelte ausprobierten und noch mehr

Funktionskleidung zur Kasse schleppten. Alles, was uns irgendwie sinnvoll, brauchbar und beruhigend erschien, wurde eingepackt. Er investierte in einen neuen Koffer, der in seiner Größe und Sargartigkeit denen unserer Besucher aus den Achtzigern ähnelte.

Kurz vor unserer Abreise regnete es unverhofft in Goa, und das Online-Reisebüro, das sich als Online-Reisebroker erweisen sollte, weswegen es aus der Haftung fein raus war, rief uns an. Es gebe schlechte Neuigkeiten. Wir hatten im Sommer einen Flug bei Kingfisher gebucht, einer Airline, die dem indischen Schnapskönig Vijay Mallya gehörte, der schon lange erfolgreich ein Bier gleichen Namens in Indien verkaufte. Man sollte sich merken, dass Fluggesellschaften, die nach alkoholischen Getränken benannt werden, vermutlich über kein durchschlagendes Geschäftskonzept verfügen, denn das Unternehmen war so in Nöte geraten, dass es unseren Transport auf dem ersten Streckenabschnitt nicht mehr gewährleisten konnte. Um die Beförderung von Berlin nach London sollten wir uns lieber selbst kümmern, meinte der OnlineBroker.

»Warum haben wir bloß den billigsten aller Flüge genommen?«, jammerte ich. Allerdings nur mit halber Kraft, denn wir waren krank geworden, unsere Körper sorgten vor und erledigten den obligatorischen Indien-Brechdurchfall antizipatorisch vor unserer Abreise. Mir fehlte also die Energie herauszufinden, wer wirklich die Schuld an dem Schlamassel hatte, zumal die Agenten unseres Reisebrokers in Barcelona genauso schlecht Englisch sprachen wie wir Spanisch. »Pulsa tres por preguntas …«, verstand ich noch, aber danach wurde es düster. Sollte sich die Geschichte wiederholen und wir würden erneut eine wichtige Hochzeit verpassen?

In diesen bangen Stunden braucht der Mensch seine Familie. »Vielleicht schaffen wir es nicht«, weinte ich mich telefonisch bei meiner Mutter aus, die vorgereist war. Sie saß beim Frisör in Bombay und ließ sich die Haare legen. »Der Zubringer wurde gestrichen.« So etwas sei vorherzusehen gewesen, meinte sie. Sie habe gleich geahnt, dass unsere Buchung Quatsch gewesen sei, und uns das auch gesagt. »Sie schaffen es vielleicht nicht«, rief sie Sandra zu, die auf dem Stuhl neben meiner Mutter saß. »Ach, wegen der Schwierigkeiten bei Kingfisher?« Das habe man schon lange kommen sehen, stellte meine branchenkundige Tante fest, und im Hintergrund hörte ich eine weitere Stimme, die sagte, so dumm dürfe man nicht sein, dort einen Flug zu buchen. »Das habe ich den Kindern immer wieder gesagt«, sagte jetzt meine Mutter, bevor sie sich erneut mir zuwandte. »Keiner hier glaubt, dass ihr es schaffen werdet.« »Nein, werden sie nicht«, rief Sandra. »Und wenn sie überhaupt loskommen, dann stranden sie bestimmt irgendwo und müssen den Rest der Reise noch einmal zahlen«, brüllte sie gegen die Haartrockner an. »Ich kannte mal jemanden, dem ging es nach der Sabena-Pleite genauso!«

Traurig legte ich das Telefon auf. Mein Cousin, hoffte ich, würde mehr Mitleid zeigen. »I hope we can make it«, tippte ich und schickte ihm die Nachricht als SMS. Er würde mir sicher, so glaubte ich, ein paar aufmunternde Worte zurückschreiben. Doch ich bekam nur zu lesen »That's Kingfisher for you.« Sollte heißen: Das hast du nun davon.

Unseren Ärger über uns selbst, die erbarmungslose Familie und Kingfisher ließen wir direkt an den spanischen Agenten aus. Diese Anger-Management-Technik gibt es seit Jahrhunderten und ist der einzige Weg, um bei einer Reklamation oder Beschwerde, die über ein Callcenter führt, überhaupt Erfolg zu haben. Freundlichkeit ist eben in dem Fall kein Trumpf. Man muss drohen. Böse drohen. Was wir taten. So bekamen wir am Morgen unserer Abreise ein Okay, dass nun alles geklärt sei und wir reisen dürften. »Ggggoooaaaa!«, simste ich allen, die es interessieren könnte, worauf mein Cousin nur ganz pragmatisch antwortete, dass er uns am Flughafen abholen werde.

Als wir am Gate in Heathrow saßen, waberte der indientypische Geruch von Bockhornklee schon in der Luft. Am supermodernen Flughafen in Bombay, wo wir den Anschlussflug selbstverständlich verpassten, aber problemlos den nächsten nehmen konnten, hörten wir das Geräusch der Cappuccinomaschinen im Restaurantbereich. Geschäftsreisende saßen über ihr iPad gebeugt, eine Werbung für die HSBC-Bank behauptete, dass die Chirurgie der Motor des Tourismus in Indien sei. »Früher sah es hier nicht so aus«, klärte ich meinen Mann auf. »Früher strichen einem Katzen um die Beine, wenn man landete, es gab keine Kaffeebars, stattdessen schliefen Menschen auf dem Boden, wahrscheinlich weil sie beim endlosen Warten auf ihren verspäteten Flug zusammengebrochen waren.«

Das Beste an einer katholischen indischen Hochzeit sei nicht die Hochzeitsfeier selbst, sondern das große »Pani«-Fest ein oder zwei Tage zuvor, erklärte mein Cousin unserem fünfjährigen Kind, als er uns Stunden später am Flughafen in Goa abholte. Ohne die Tochter zu überzeugen. Wenn sie auf der Hochzeit Blumenkind war, dann musste das selbstverständlich die beste aller Feiern sein. Sie gab nicht viel auf das Ritual der East Indians, die eine große Prozession veranstalteten, um beim Dorfbrunnen Wasser zu holen und dem Bräutigam die Füße zu waschen. Wir fuhren an Botox- und Detox-Kliniken vorbei, die ihre Leistungen nicht nur auf Englisch anpriesen, sondern den Schriftzeichen nach auch auf Russisch. Die Männer und Frauen, die auf der Straße unterwegs waren, sahen ein wenig aus wie die Menschen bei uns in Charlottenburg, nur eben leichter bekleidet. Sehr viel leichter. Dann waren wir da. Wir liefen durch die schon stockdustere Nacht zur Bungalowsiedlung, in der wir alle einquartiert waren.

»Die Party findet direkt am Pool statt«, sagte mein Cousin, während meine Mutter bereits angelaufen kam, gefolgt von Sandra und Robert, der Mutter des Bräutigams und dem geselligen Onkel aus London, der damals die Papierturbane für die Hochzeit meiner Eltern besorgt hatte. »Gut siehst du aus«, sagte ich. Und das tat er wirklich. Um seine Glatze hatte er ein Kopftuch aus dem gleichen bunten Stoff geknotet, der auch auf seinen Hüften saß. Brennende Kerzen umstanden das Wasser, LED-Lichterketten hingen an der Bar, wo Kellner in weißen Hemden Cashewschnaps und Whisky ausschenkten. Laute Musik dröhnte aus den Boxen.

Fast hätte ich meine Familie nicht wiedererkannt, denn statt ihrer üblichen Kleidung trugen alle Frauen rote Saris mit grünen und orangefarbenen Applikationen und einem goldenen Rand. Das Unterteil hatten sie so drapiert und gerafft, dass es der traditionellen Kluft der Fischerfrauen ähnelte. Dazu hatten sie sich den billigsten goldenen Plastikschmuck umgehängt, der sich finden ließ. Die Männer hatten ihre Hosen auf den Zimmern gelassen und sich bunte Lungis umgebunden. »Ich habe seit Jahren nicht mehr so ein Hüfttuch getragen, bestimmt seit meiner eigenen Hochzeit nicht«, schwärmte ein älterer Herr, der mich zu kennen meinte, obwohl ich keine Ahnung hatte, wer er sein könnte. Auf seiner Brust prangte ein rotes Ahornlogo.

»Ist das dieser Onkel Alwin aus Kanada?«, fragte ich meine Mutter. »Dessen Kinder stundenlang artig herumsitzen mussten, wenn sie auf eine von Nannas Partys kamen?« »Ja«, sagte meine Mutter, schaute dabei recht unglücklich, weil er versuchte, sie auf die Tanzfläche zu ziehen. Als Nächstes attackierte er die Mutter des Bräutigams, eine Cousine ersten Grades, die sich deswegen nicht wehren konnte. Aber wohl auch nicht wollte, denn sie genoss es, zu »Nossa, Nossa« herumgewirbelt zu werden. »In Toronto haben wir einen Tanzkurs belegt«, rief er. »Meine Frau und ich! Komm Phoebe, wir zeigen, was wir können!« Seine Frau, die wiederum angeblich mit uns verwandt war und ein ebenso dickes Acetatgestell im Kassenlook auf der Nase trug wie ihr Mann, wirkte inmitten der aufgekratzten, aufgebrezelten Inderinnen bieder und vertrocknet, konnte sich jedoch bewegen wie ein Derwisch.

Der DJ legte zur Freude der beiden »Nah Neh Nah« der belgischen Band Vaya Con Dios auf, und mit jedem Neh und jedem Nah bildete sich ein größerer und größerer Kreis um die beiden. Vom Alkohol angestachelte Jugendliche, daneben Greise, selbst das Hausmädchen klatschten begeistert im Rhythmus, feuerten die beiden mit heiseren »Nah-Neh-Nah«-Rufen an. Alwin tropfte der Schweiß von der Nase, unter Phoebes Achseln färbte sich ihr Sari dunkel. Mit einem Mal schwang sich Alwin gefährlich nah an den Rand des Pools, Phoebe zog ihn zurück, seine Brille aber hatte so viel Schwung bekommen, dass sie mit einem kaum hörbaren Plopp ins blaue Wasser fiel und langsam nach unten sank. »Meine Brille«, rief Alwin. »Wo ist meine Brille?« Alle Cousins sprangen gleichzeitig in den Pool. Die einen tauchten nach der Brille und reichten sie Phoebe, die anderen machten bloß Quatsch.

Dann meinten alle plötzlich, dass es nun Zeit sei, zum Brunnen zu marschieren. Der Bruder des Bräutigams, der gerade noch im Wasser gekämpft hatte, schnappte sich eine Trommel, die auf der Bar lag, und begann darauf einzuschlagen. Die Tanten nahmen einen Eimer, und ohne weitere Absprachen setzte sich der halb nasse Zug in Bewegung. Aus dem Garten heraus auf die Straße, wo die Kühe schliefen und die Hunde bellten.

Alle schienen mit dem Ritual vertraut zu sein. Nur kannten sie es aus Bombay, wo es niemals wirklich dunkel wird und der Brunnen meist aus einer Staffage besteht. Jetzt hingegen wälzten sich etwa fünfzig Leute singend und tanzend durch eine abgelegene

Gasse in Goa, als seien sie auf einem Basar. »Wo ist denn der Brunnen«, fragte ich Sandra, die fröhlich beim Marathensingsang mitmachte. »Der Brunnen«, wiederholte sie. »Ja, wo ist der eigentlich?« »Wir sind schon vorbei«, rief eine Stimme. »Wie, wir sind schon vorbei? Wo soll er denn gewesen sein?« Alle wunderten sich, schrien durcheinander, bis einer vorschlug, der Trommler solle kurz aufhören, wir müssten umkehren.

Es gibt Dinge im Leben, die lassen sich leicht organisieren, beispielsweise ein Schwerlasttransport auf der A2 von Hannover nach Magdeburg, und andere, die man kaum durchsetzen kann. Dazu gehört, fünfzig leicht euphorisierte Mitglieder meiner Familie dazu zu bewegen, auf einer verlassenen Straße in Goa geordnet umzukehren. Der eine Teil tanzte einfach weiter, der Trommler setzte wieder ein, ohne sich allerdings vom Fleck zu rühren, während ein paar Abtrünnige um die Ecke bogen, um in einer Hofeinfahrt nach einem Brunnen zu suchen. »Hier, wir haben ihn gefunden«, meldeten sie, kamen aber gegen das Trommeln nicht an. Also nahm eine Tante aus der Mitte des Zuges ihr Blackberry und schickte ihren Söhnen vorne wie hinten die Nachricht, dass der Brunnen gefunden sei, woraufhin die Prozession zu einem unscheinbaren, niedrig ummauerten Loch zog. In der Dunkelheit war nicht zu erkennen, wer von den Lungiträgern mutig genug war, einen Eimer herabzulassen. Dass er erfolgreich war, ließ er alle wissen, indem er mit Wasser um sich spritzte.

»Pass auf das Kind auf«, rief ich meinem Mann zu, der als große Gestalt in Hosen aus der Menge herausstach und dessen heller Teint im Mondlicht aschblau leuchtete, weshalb ich ihn nie aus den Augen verlor. »Das Wasser könnte giftig sein!« Er habe eher, schrie er gegen die wieder einsetzende Trommel an, Sorge um den Mückenschutz, der abgewaschen werden könnte, bevor er sich wieder in die Prozession einreihte. Singend, tanzend und hungrig kehrten wir zum Pool zurück, wo der Bräutigam einmal seine Füße in das Brunnenwasser stecken musste, um für die Hochzeit bereit zu sein.

Noch nicht bereit waren wir Gäste. »Ich brauche dringend eine Pediküre«, sagte ich am nächsten Tag. »Du musst auch zum Frisör«, ergänzte meine Mutter. »Ja, und ich falle tot um, wenn ich heute keine Massage bekomme«, meinte die Mutter des Bräutigams, die bereits alle Plastikblumen um die Kerzenleuchter drapiert hatte und fand, dass sie eine kleine Pause verdient hätte. Es gebe da einen Schönheitssalon an der Hauptstraße von Candolim. Sie quetschte uns in ihr verbeultes Auto und warnte uns, sie werde sehr langsam fahren, weil die Hupe nicht mehr funktioniere. »Das ist sehr gefährlich«, erklärte sie uns. »O ja«, bestätigte Sandra. »Ohne Hupe kann man quasi gar nicht fahren.«

Deswegen tat die Bräutigammutter alles, was in ihrer Macht lag, um uns sicher zum Salon zu bringen, und fuhr im zweiten Gang mit fünfundzwanzig Stundenkilometern auf dem Mittelstreifen. »Besser, ich halte mich von den Einmündungen fern, da kann Gott weiß was passieren«, meinte sie. »So ohne Hupe.« Der alte Alwin beispielsweise, der schon lange in Kanada lebe, habe ganz vergessen, dass man hier immer und überall hupen müsse. Das dicke Ende sei vorgestern gekommen, als ihm einer dieser Menschen vor die Motorhaube lief, die auf die Gepäckträger ihrer Räder meterhoch Eierpaletten stapelten, um sie zum Strand zu bringen. »Diese Ausländer tanzen dort die ganze Nacht durch und stopfen sich mit Omletts voll«, wunderten sich die Tanten. »Man könnte meinen, es gäbe in Indien nichts anderes zu essen.« Vielleicht, versuchte ich zu erklären, trauten die gebeutelten Ausländer sich einfach nicht an die Speisen Goas heran.

Wie auch immer, der Eierlieferant stauchte den armen Alwin wohl ganz schön zusammen, damit er den Schaden ersetzte. Mindestens fünfzig Eier hätten am Mietwagen geklebt, erzählte die Bräutigammutter, und Hunde seien gekommen und hätten begonnen, die Eimasse abzuschlecken, während Alwin den ganzen Abend weitergeschimpft habe, dass in Indien alle Hinterwäldler seien, die sich freiwillig von Dorfdeppen ausnehmen ließen. Bevor sie sich noch weiter über Alwin und den Eiermann auslassen konnte, erreichten wir zum Glück den Schönheitssalon.

Hinter den großen, getönten Scheiben hatten wir einen guten Ausblick auf die Hauptstraße von Candolim. Wir saßen aufgereiht in unseren Pediküresesseln und hätten wunderbar über die vorbeiziehenden Paare vom Ural lästern können. Über die Männer, die selbst nicht besonders in Form waren, ihre Frauen aber Richtung der Botox-Klinik auf der gegenüberliegenden Straßenseite schoben. Dass die Typen nicht gut in Schuss waren, sahen wir deshalb so genau, weil sie keine Hemden trugen – vermutlich um keinen Sonnenstrahl zu verpassen. Wir hätten also gerne gelästert, nur wurde uns leider vom Personal bedeutet, auf keinen Fall laut zu reden. Das störe die Atmosphäre des Salons. Für Mitglieder unserer Familie ist jedoch die Anweisung, nicht laut zu reden, gleichbedeutend mit gar nicht reden. Deshalb saßen wir schweigend und ein wenig müde vor dem Hauptstraßenpanorama, als zwei Herren zu den Sesseln gegenüber geführt wurden, für die die Vorschrift, »leise zu sein«, offenbar nicht galt.

»Goa is all about the manicure, the pedicure and the massage«, sagte ein drahtiger indischer Herr, der sein graues Haar zu einem kurzen Pferdeschwanz gebunden hatte. Sein Gesicht ähnelte dem eines Adlers, sodass ich ihn sofort in jedem Film als Gangster besetzen würde, nicht zuletzt wegen seiner vielen Ringe und der dicken Ketten an Hals und Handgelenk. Sein englischer Sitznachbar hingegen könnte den tumben Gangstergehilfen geben. Auch er trug einen Pferdeschwanz – außerhalb von Goa eine völlig vergessene Frisur –, ein Muscle-Shirt und Fußballshorts. Er stammte aus den britischen Midlands und betreute im echten Leben, wie sich schnell herausstellte, eine alte Dame, die lieber in Goa überwinterte als in Leicester. Sie suche eine Wohnung mit Pool und Strand um die Ecke.

Es gäbe da Möglichkeiten, sagte der Inder, der anscheinend kein Vollzeitganove war, sondern sich als Immobilienmakler betätigte. Er stammte, wie wir mitbekamen, eigentlich aus Delhi, aber dort war es ihm zu kalt, zu anstrengend und zu schmutzig. Goa hingegen sei ein ländliches Paradies, meinte er. Nur, wunderte sich der Engländer, wie könnten die Mieten so hoch sein? Und warum sei ein teurer Salon wie der hier voll. Seien die Inder nicht alle arm? Wieso könnten sie sich so etwas leisten, fragte er und schaute zu uns herüber. Der Makler tunkte seine Finger in eine kleine Schale, die mich an die alte Palmolive-Werbung mit Tilly erinnerte, und seufzte. Falls er beleidigt war, ließ er es sich nicht anmerken. Zurzeit finde in Goa das Filmfestival statt, das ziehe reiche Städter hierher, meinte er. Apropos Film: Ob er gehört habe, dass in Goa ebenfalls nach Locations für den neuen Bond-Film gesucht werde? Man solle sich trotzdem nicht zu früh freuen, wahrscheinlich werde sowieso alles an den starren Behörden scheitern, die dauernd wilde Forderungen stellten, sobald jemand in Indien etwas auf die Beine stellen wolle. »Indien ist so hinterher,« meinte er. »Schauen Sie sich einfach mal an, was bei diesen Commonwealth Games läuft!« Damit spielte er auf jenes traditionelle Sportevent aus kolonialen Zeiten an, das in der Neuzeit aufgrund von Korruption und Misswirtschaft nicht mehr für Stolz, sondern bloß für Spott sorgt.

Am nächsten Tag, dem großen Tag, dem Tag der Hochzeit waren wir manikürt und hätten mit unseren Füßen Werbung für Babycreme machen können. Wir mussten uns, als es gegen Mittag losging, nur noch schminken, die Haare machen, das Kleid bügeln, die Kamera aufladen, die Videokamera, das Handy. »Um halb drei treffen wir uns am Parkplatz«, schärfte uns die Mutter des Bräutigams ein, wir fahren dann gemeinsam zur Kirche. »Zu der da?«, fragte ich und blickte über das Gartenmäuerchen, hinter dem ein weißer Turm zu sehen war. »Ja, genau! Dorthin fahren wir«, sagte sie und fügte hinzu, ich solle jetzt bloß nicht auf den komischen deutschen Gedanken kommen, laufen zu wollen. »Vergiss es, dazu ist es viel zu heiß!«

Tatsächlich war dieser Tag außergewöhnlich warm, und alle hatten die Klimaanlage ihrer Bungalows voll aufgedreht. Wie zogen uns zurück, und gegen halb zwei, als die meisten aus der Dusche kamen und sich noch einmal die Haare richten wollten, gab es keinen Strom mehr. Wie ein Echo war aus allen Himmelsrichtungen der immer gleiche Aufschrei zu hören »Mein Glätteisen funktioniert nicht!" Deutsche Frauen, die sonst unter ihrem von Natur aus dünnen Haar leiden, wären jetzt im Vorteil gewesen. Die könnten zur Not ohne vorherige Begegnung mit dem Glätteisen zu einer Hochzeit gehen – würden höchstens den Lockenstab vermissen. Indische Frauen aber brauchen, vor allem bei hoher Luftfeuchtigkeit, einen Dämpfer für die natürliche Krause. Dementsprechend verzweifelt waren alle, als wir uns bei der Bräutigammutter trafen. Fünf Minuten vergingen, zehn, zwanzig … Eine ganze Stunde. Nichts tat sich. »Das ist eine Katastrophe«, rief der Bräutigam, und sein Bruder schickte das Hausmädchen los, in der Kirche nachzusehen, ob es dort Strom gab. »Vielleicht sind ja nur wir betroffen«, hoffte er und war bloß froh, dass seine Zukünftige sich im Haus ihrer Tante im Süden Goas aufhielt, wo die Elektrogeräte funktionierten. »Die sind alle so hinterher hier in Goa«, schnatterten alle durcheinander. »In Bombay würde so etwas nicht mehr vorkommen.«

Das dürre Hausmädchen brachte keine guten Nachrichten. »Kein Strom, Ma'am«, piepste sie. In der Kirche sei es dunkel wie in einem verschlossenen Sarg, man könne richtig Angst bekommen. Immerhin habe sie schon mal den Priester geweckt. Da sich die große Frage: »Was machen wir jetzt?«, besser bei der Kirche beantworten ließ, wurden die Autos mit den Gästen losgeschickt. Da standen wir dann, am heißesten Dezembertag seit Menschengedenken, in Goa vor einer Kirche, die im Dunkeln lag, und um unsere Beine strich ein Rudel zerzauster Hunde. »Einer von denen hat sicher Tollwut«, befürchtete mein Mann und trichterte dem Kind ein, nur ja keines dieser räudigen Wesen zu streicheln.

Weil Hunde und Fünfjährige jedoch immer zueinanderfinden, steckten wir sie in den weißen BMW, der mit laufendem Motor im Schatten parkte. Dort saß die Braut und schickte Kurznachrichten in die Welt. »Habt ihr einen Generator gefunden?«, fragte sie ihren Bruder, der auf seinem Blackberry ebenso wie der Trauzeuge und Sandra nach Betreibern solcher Anlagen googelte, während ihr künftiger Schwager in der schummerigen Kühle des Gotteshauses aus dem Jahr 1569 stand und telefonierte. »Our Lady Remedios, Nerul«, rief er und ging zum Priester, der mit dem Bräutigam im Nebengebäude saß.

»Warum können wir das Ganze nicht ohne Elektrizität machen?«, fragte der hagere, gebeugte Mann in gebrochenem Englisch. Seit sechzig Jahren betreue er diese Gemeinde, oft genug seien in dieser

Zeit Stühle im Kirchhof aufgestellt worden, und sie hätten die Trauung eben vor dem Gebäude statt drinnen abgehalten. »Das ist genauso schön«, fand er und schaute treu durch seine dicke Brille. Er selbst habe beispielsweise lange gar nicht gemerkt, dass der Strom fehle. Weil er ihn so selten benutze. Für ihn mache das keinen Unterschied. Für Gott erst recht nicht.

»Für Gott vielleicht nicht«, sagte die Brautmutter, und ihre Stimme überschlug sich fast. »Aber der Band ist es nicht egal!« Sie hätten einen Drei-Mann-Chor engagiert, der in Mikrofone singe – Strom – und von drei E-Gitarren begleitet werde. Das E stünde hierbei für Elektrizität. Ob er wisse, was das bedeute? Und man wolle nicht in der Sonne sitzen, sondern unter Ventilatoren: Strom. Außerdem brauche das Filmteam Strom. Der Bräutigam dachte gerade, dass auch er Strom bräuchte, weil die Rede, die er abends halten wollte, auf seinem iPhone gespeichert war, als schon sein Bruder kam und verkündete, er habe einen Generator aufgetrieben, der an den Sicherungskasten der Kirche angeschlossen werden könne. »Wo finden wir den?« Der Priester, zerknirscht und geschlagen, stützte sich auf seinen hölzernen Gehstock und schlurfte Richtung Kirchenrückseite.

»Wir haben einen Generator«, sagte zur gleichen Zeit der Bruder der Braut zur Mutter »Er kann jeden Moment hier sein.« »Ja, das ist gut«, antwortete die und vergaß zu fragen, ob das Ganze mit dem Bruder des Bräutigams abgesprochen sei. Irgendwer hatte es sicher koordiniert, dachte sie. Alles andere wäre ja das reine Chaos.

Nun ist Chaos leider in unserer Familie nichts Seltenes, und so rückten natürlich zwei Generatorenbetreiber fast zeitgleich an. Für uns, etwa hundert Leute, die da vor dem Kirchenportal standen, war der Anblick der beiden schimpfenden Dienstleister, die von Trauzeugen im Schweiße ihres Angesichts beruhigt werden mussten, eine willkommene Überbrückung der Wartezeit.

»Wer macht das Rennen? Was glaubst du?«, fragte ich Sandra. »Beide«, antwortete sie. Die würden sich ins Zeug legen, krakeelen, und am Ende dürfe einer sein Gerät anschließen, und der andere kriege sein Geld einfach so – letztendlich steckten sie alle unter einer Decke. Der Bräutigam dachte erneut an sein nicht aufgeladenes iPhone, sagte aber wieder nichts, weshalb ihn später niemand daran erinnern konnte.

»Spricht hier jemand Konkani?«, fragten die Trauzeugen in die Menge. »Nein«, riefen mindestens fünfzig Personen zurück, die anderen fünfzig konnten es ebenfalls nicht, fühlten sich bloß zu schlapp zum Rufen. Nur der Priester war dieser Regionalsprache mächtig, wollte oder konnte allerdings nicht in dem Streit vermitteln. Er sorgte sich allein um seine Leitungen. »Da passiert nichts«, beruhigten ihn die Trauzeugen. Er solle schon mal ins Haus gehen und sich umziehen. Der Fotograf schoss derweil Bilder von der Rangelei, von verschwitzten Gästen und durch die getönten Fenster der Limousine von der Braut. So eine coole Hochzeit, dachte er. Endlich mal was anderes!

Als der Priester in seinem Ornat aus dem kleinen Haus neben der Kirche trat, drehten sich die Ventilatoren an der Kirchendecke, der Chor testete die Soundanlage, das Altarbild glänzte golden, und das

Blau der Wände strahlte im hellen Licht. Der Bräutigam stellte sich nach vorne an den Altar, und kurz danach schritt die Braut mit nur anderthalb Stunden Verspätung in einem voluminösen, rascheligen weißen Kleid am Arm ihres Vaters den Gang entlang.

»Guck mal«, sagte Robert. »Geht doch alles.« Er könne gar nicht verstehen, warum immer alle behaupteten, in Indien liefe nichts nach Plan. Und wir Deutschen hätten, lobte er, dieses Mal sogar auch alles richtig gemacht. Schließlich säßen wir hier, was immerhin mehr sei, als man von seiner Hochzeit sagen könne. Meine Mutter presste bei diesen Worten die Lippen ganz fest aufeinander, schwieg aber.

Abends bei der für indische Verhältnisse bescheidenen Feier in einem Hotel am Strand, zu der etwa zweihundert enge Freunde erschienen waren, standen die gusseisernen Kerzenständer mit den Plastikblumen auf den weiß gedeckten Tischen. Der Strom floss wieder, sodass Tausende von kleinen Lichtern den Garten und die Tanzfläche erleuchteten. Das Mikrofon funktionierte, und der Bräutigam konnte seine große Rede halten. »Ich hätte die Batterie laden sollen«, begann er, »denn leider ist mein iPhone leer, und ich weiß nicht mehr, was ich sagen wollte. Hat jemand vielleicht ein Lade- und ein Verlängerungskabel dabei?« Hatten sie, und der Bräutigam konnte nach Eingabe des Passworts all das vorbringen, was ihm auf dem Herzen lag. Seine Frau und er wurden nach altem Brauch auf Stühlen über die Tanzfläche getragen, mussten sich küssen, und danach tanzten alle zu »Nossa, Nossa«, bis sie erschöpft waren. »Können wir nicht nach Indien ziehen?«, fragte das Kind.

Es sei sehr schön hier, alle würden immer tanzen, und man müsse nie eine Jacke anziehen.

»Hierhierzuziehen wäre vielleicht etwas übertrieben«, sagte ich. »Vielleicht könnten wir aber häufiger herkommen, das habe ich als Kind auch gemacht.« Nein, fand das Kind, Ferien wolle es weiterhin auf Rügen machen, das sei doch sonnenklar. »Wir haben noch ein gehöriges Stück Erziehungsarbeit zu leisten«, mahnte ich meinen Mann. »Keine Sorge«, meinte er, »das schaffen wir schon«, und dann nahm er das Kind mit zum Schokoladenbrunnen, der am Buffet stand, während Braut und Bräutigam mit einem alten weißen Ambassador davonkutschiert wurden, auf dessen Heckscheibe »Just married« geschrieben stand.

Am nächsten Tag fuhren alle zum Krabbenessen in eine »Shack«, eine Hütte mit kleinem Restaurant an einem kilometerlangen weißen Sandstrand. Wenn man seine Hände in die Brandung steckte, konnte man mühelos Muscheln und Seesterne herausfischen, und das Wasser war so warm, dass wir darin sitzen blieben, ohne uns zu bewegen. Die Strandbudenbetreiber bauten eine lange Tafel für zwanzig Leute auf, und den ganzen Tag taten wir nichts anderes, als auf das Meer hinauszustarren, Krabbencurry zu essen und Old Monk zu trinken. Hin und wieder kamen ein paar Russen vorbeigelaufen oder geradelt.

Auf dem Rückweg, kurz vor der Dämmerung, hielten wir an den grandiosen, verfallenen weißen Kirchen von Old Goa. Vor der Basilika brannte eine riesige Pfanne mit Wachs. »Alle mal herhören«, rief die Mutter des Bräutigams. Sie wünsche sich viele gesunde Enkelkinder und dass ihr Tennisarm besser würde. Also kauften wir bei einem Stand nebenan hohle Babypuppen aus hellem Wachs, außerdem Wachsarme für die Tante, Wachsbeine für eine andere, ein kleines Haus aus Wachs, das unseren Hausbau symbolisieren sollte, und schmissen alles in die riesige Pfanne hinein, damit es uns Glück brachte. Das Kind, das sicher nicht gut auf die Verbrennung der Babypuppen reagiert hätte, bekam nichts mit, weil es sich dauernd zusammen mit indischen Kindern von deren Eltern fotografieren lassen musste.

Im Laufe der nächsten Woche besuchten wir das Braganza-Haus mit seiner alten Bibliothek, den alten Ming-Vasen und dem alten Hausdrachen, der in jedem Zimmer sagte, alle sollten sich in einer Reihe aufstellen, still halten und gut zuhören. Dann erzählte sie ein paar Einzelheiten über das Haus, vor allem jedoch Gruselgeschichten über den indischen Staat und dass alles viel besser war, als Goa noch zu Portugal gehörte und die Braganza hier das Sagen hatten.

Kurz vor Weihnachten saßen wir wieder am Flughafen von Bombay und warteten auf den Rückflug »Hat es dir jetzt in Indien gefallen?«, fragten wir das Kind. »Also besser als auf Rügen?« Beides sei sehr schön, meinte die Tochter. Am Gate sammelte sich das Personal und erweckte den Eindruck, als ob jeder, der hier irgendwo arbeitete, Schlange stand und erpicht darauf war, uns abzufertigen. Die Security-Leute wurden rappelig, aufgeregte Männer mit Flughafenausweis, Krawatten und Kurzarmshirts hetzten durch die Gegend. Gate-Girls und -Boys scherzten miteinander, sodass mit einem Mal alle aufgeregt und froh gelaunt schienen. »Guck mal, wie motiviert die sind«, sagte mein Mann, und ich dachte, wenn alle so beseelt bei der Arbeit wären, alles täten, um diesen Flug mit so einer fröhlichen Manpower in die Luft zu bekommen, dann stünde der Zukunft dieses Landes nichts im Wege.

Die gute Stimmung wirkte sich gleich auf die Passagiere aus. Alle lächelten und erwarteten halb, dass man sie mit Konfetti an Bord begrüßen würde, mindestens aber mit Luftschlangen, weil alle so fröhlich schauten. Ein Mann sprach ins Funkgerät, ein anderer sagte Okay, und dann wurde er an Bord gebracht. An uns vorbei in ein Flugzeug, das neben unserem stand: SRK – Shah Rukh Khan. Kaum war er weg, war alles wie immer am Flughafen von Bombay.

»Vielleicht wird es trotzdem etwas mit Indien«, sagte mein Mann und ging an Bord. »Bestimmt«, sagte ich.

Wir würden wiederkommen. Aber das nächste Mal sollten wir wirklich einen richtigen Flug buchen.

Epilog

Deutschland hat sich seit der Hochzeit meiner Eltern verändert. Heute werden Menschen mit Migrationshintergrund nicht mehr mit durchreisenden Messebesuchern verwechselt. Niemand muss indische Gewürzmischungen im Koffer transportieren, sondern kann in jedem besseren Asiamarkt Kardamonkapseln und Tandooripulver kaufen oder Kashmiri-Chilis online beim britischen Versandhandel bestellen. Ich wurde lange nicht mehr gefragt, ob meine Großmutter verbrannt wurde, und wenn jemand wissen will, wo sich meine Eltern kennengelernt haben, schwingt nicht mehr der leichte Vorwurf mit, mein Vater habe meine Mutter in einem Katalog bestellt. In Bombay werden die Geschäfte größer, Supermärkte und Malls schießen aus dem Boden, und es dürfte nicht mehr lange dauern, bis die ersten Baumärkte für Hobbyheimwerker eröffnen, in denen gestresste Familienväter Akkuschrauber kaufen, um ihre Billy-Regale zusammenzubauen. Heute gehen junge Leute, die es sich leisten können, ins Multiplexkino, essen Sushi und tanzen zum Lied *Gangnam Style* des koreanischen Musikers PSY. In Bandra hat ein Restaurant eröffnet, das »Imbiss« heißt und Schnitzel verkauft. Die indischen Restaurants hierzulande werden zwar nicht besser, dafür kann sich jeder das Standardwerk

»Indische Currys« von Camellia Panjabi auf Deutsch kaufen und hervorragende indische Gerichte selber kochen. Wer sich wirklich für Currys interessiert oder Yoga, bei dem ich übrigens leider keinen natürlichen Vorteil habe, reist unkompliziert nach Indien und verbringt ein paar Wochen in einem Resort. Wer Hindi lernen will, dem hilft der persönliche Sprachlehrer aus Indien via Skype mit Aussprache und Grammatik, man muss dafür nicht einmal das Haus verlassen.

Dass die Deutschen so großen Anteil an dem Fall der in einem Bus vergewaltigten Studentin nahmen, sich mit dem Land beschäftigten, macht mir Mut. Mut, dass Indien nicht mehr nur als ein mystisches, verworrenes Land wahrgenommen wird, wo die einen in Callcentern arbeiten und die anderen in Armut leben, sondern als dynamische Gesellschaft, die zurzeit (Februar 2013) bereit ist, sich den großen Problemen zu stellen, die sie hat: nämlich dem der Frauenfeindlichkeit, der Umweltverschmutzung und nicht zuletzt der Korruption.

In meinem Buch kommen viele Frauen vor, die unabhängig leben, ihre Meinung äußern und ihr eigenes Leben bestimmen können. Dass es solche Frauen in Bombay tatsächlich gibt, macht mir, mit dem gewaltigen Zorn auf die Gewalt gegen Mädchen, Hoffnung, dass sich Indien auch in dieser Hinsicht verändert. Vielleicht stärker sogar, als es das seit meiner Kinderzeit bereits sichtbar getan hat, als Bombay auch Bombay heißen durfte und nicht in Mumbai umbenannt worden war.

Was auch immer in dieser Stadt in den nächsten Jahren passieren wird, ob sie noch glamouröser wird, noch ärmer, noch dreckiger, noch bombastischer, eins wird Bombay niemals sein, nämlich öde. Wer also vorhat, nur auf der Durchreise einen Tag dort zu verbringen, sollte umdisponieren und ein bisschen bleiben. Es lohnt sich.

Danksagung

Während ich das Buch schrieb, lief ich fast täglich die Leonhardtstraße in Charlottenburg entlang. Ein reizendes indisches Paar betreibt dort einen Zeitschriftenladen, in dem man auch Zigaretten und Eis kaufen kann. Während sie meinen Töchtern liebevoll ihre Minimilks auspackten, erzählten die beiden von ihrem Leben in Deutschland, von ihren Reisen zurück nach Bombay und dem Werdegang ihrer Kinder in Berlin. In ihrer Fürsorge erinnerten sie mich an meine Eltern, die mir für dieses Buch noch einmal in langen Mails und Gesprächen das Fenster zu ihrer Vergangenheit geöffnet haben. Nicht nur deshalb möchte ich Mama und Papa danken und meiner Schwester Gabi. Ich danke Ruku, Marcel und Anna, Pearl, Lyndon, Leighton und Shalon. Renate und Jochen für die Rückendeckung aus Stockelsdorf, Kathrin und Fotini für ihre Fürsorge. Ulrike Nikel für ihre Zuverlässigkeit und Sorgfalt. Ich danke meinen Freundinnen Kay, Ute, Anja und Susanne, Simone und Jürgen und meinem taz-Kollegen Daniel. Naresh Fernandes hat mir mit seinem Buch *Taj Mahal Foxtrott* und in persönlichen Gesprächen die Jazzszene Bombays erklärt. Ein großer Dank geht an meine Agentin Barbara Wenner, ohne ihre Unterstützung wäre dieses Buch niemals entstanden. Ich danke denen, die nicht mehr unter uns sind, nämlich Batty, Daddy, Lester, Oma, Opa und Kirsten Lange, die Bombay genauso geliebt hat wie ich.

Ich danke meinem Mann Jan und unseren beiden Kindern Antonia und Florieke, die immer wussten, wann ich eine Pause brauche.